Career Planning and Employment Guidance
For
College Students

大学生职业生涯规划与就业指导

张季菁　张雪松◎主编

中国经济出版社
CHINA ECONOMIC PUBLISHING HOUSE
·北京·

图书在版编目（CIP）数据

大学生职业生涯规划与就业指导 / 张季菁，张雪松主编.
—北京：中国经济出版社，2018.12（2021.1 重印）
ISBN 978-7-5136-5440-1

Ⅰ.①大… Ⅱ.①张…②张… Ⅲ.①大学生—职业选择 Ⅳ.①G647.38

中国版本图书馆 CIP 数据核字（2018）第 259970 号

责任编辑　夏军城
责任印制　马小宾
封面设计　任燕飞

出版发行　中国经济出版社
印 刷 者　北京九州迅驰传媒文化有限公司
经 销 者　各地新华书店
开　　本　710mm×1000mm　1/16
印　　张　11.25
字　　数　125 千字
版　　次　2018 年 12 月第 1 版
印　　次　2021 年 1 月第 3 次
定　　价　39.80 元
广告经营许可证　京西工商广字第 8179 号

中国经济出版社 **网址** www.economyph.com **社址** 北京市东城区安定门外大街 58 号 **邮编** 100011

编委会

主　编： 张季菁　张雪松

副主编： 秦　勇　庹捃丹

参　编： 金　晶　潘　庆　易　琼

杨　思　张　珂　张霭旼　张　琦

前言

765万、795万、820万……一年比一年多的全国高校毕业生人数，既给求职者带来不小的压力，也给相关负责毕业生就业指导工作的部门和人员造成不小的困扰。如何帮助高校毕业生顺利就业？如何高效推动高校毕业生就业工作？如何使大学毕业生实现充分、高质量的就业？而“先就业再择业”“啃老”“慢就业”等不同时代背景下呈现的就业问题，又应如何去应对？

系统的职业生涯规划教育和就业指导，正是解决这问题的“良方”。大学毕业生没有能力就业吗？非也。大学生是不知道如何就业。很多大学毕业生不清楚如何正确选择职业，也不了解用人单位的具体要求。当代大学生对个人职业发展方向普遍模糊，缺乏有目的系统的职业规划训练，致使该学的没学，该修的没修，最终导致就业不理想。

“不患才不及，而患志不立。”“宜未雨而绸缪，勿临渴而掘井。”如果大学生入学时就能在专业老师的帮助和指导下进行学业、职业规划，明确学习目标并获得学习动力；如此，有了目标，有了决策，有了路径，毕业就业就是水到渠成的事了。

学习、职业生涯规划的过程，也是大学生自我成长的过程，是大学生把自我人生价值观与社会主义核心价值观高度融合的过程；

同时也是老师关爱学生、引领学生、塑造学生，为国家和社会培养有用人才的过程。我们常说“对于没有航向的船而言，任何风都是逆风”。“方向比努力更重要”，明确职业发展方向是求职成功的第一步。对于大学毕业生而言，找一份工作是容易的，但是要找一份自己喜欢、适合、胜任的工作却并不容易，这就需要早做打算，早做规划，并将职业生涯规划贯穿于大学学习的始终。

党的十八大以来，习近平总书记多次到高校考察并与师生座谈。他多次给青年学生、大学毕业生回信，对广大青年学子寄予殷切期望。从“扣好人生第一粒扣子”到“青年强则国家强”，总书记一次次对广大青年学子以关心、支持、鼓励。

新时代是年轻人的时代，当代大学生要勇于承担起中华民族伟大复兴的历史责任。作为新时代的青年学生，要把时代理想中国梦融入到个人的职业理想和人生规划之中。本教材旨在引导大学生树立正确的职业观、择业观及人生观，了解社会、国家对人才的需求；依据祖国的召唤、社会的需求、行业的发展、职业的规范，调整行为，为顺利就业做好准备。

最后，感谢参与编写工作的老师，感谢他们的辛苦付出。具体为庹捃丹负责编写了第一章、第四章，张珂负责编写了第二章，易琼负责编写了第三章，金晶负责编写了第五章，潘庆负责编写了第六章，张琦负责编写了第七章，杨思负责编写了第八章，张霭旼负责编写了第九章。

限于编者的水平和经验，书中难免有疏漏、不当之处，敬请读者朋友批评指正。

编　者

2018年12月

目　录

第一章

大学生职业生涯规划启蒙

【本章学习目标】

◆ 明确生涯、职业生涯与职业生涯规划的含义

◆ 理解职业生涯规划的理论模型

◆ 树立职业生涯规划的理念，正确理解生涯规划的内涵与意义，主动自觉进行生涯探索和规划

【案例导入】

案例一

日语系四年级的吕薇同学，这一周参加了多个招聘宣讲会，并向多家公司投递了简历，但没有得到回应。一个偶然的机会，她从一个公司人力资源专员那里得知屡屡落选的原因：简历重点不突出，缺少工作经验，校内实践少，优势不明显。大学期间，室友曾多次给她介绍兼职工作，她都拒绝了；老师也建议她利用假期多实习，但她却选择聚会和旅游。想起这些她十分后悔。

案例二

国际关系学院英语专业毕业生莫青，家境较好，父母强势。从小到大，莫青不太有主见，很听父母的话。他擅长画漫画，中学时曾梦想做一个自由旅行的漫画家。但父母认为画画耽误学习不允许，他也就很少提笔了。大学毕业后，在家里的帮助下莫青进入到某政府部门实习。据介绍人说，他所在的实习部门来年要招新人，所以莫青打算参加第二年公务员考试。没想到连考两年他都没考上，在实习单位一干就是两年。两年间，他几乎没有休息日，整天都是接待各种代表团，这让他很疲惫。想走，又怕找不到比这个好的工作；不走，又觉得很累，工资还很少。

以上两位同学大学期间对未来没有做任何规划。如果吕薇和莫青对大学生活有系统的规划，相信吕薇会对找工作更加有信心，而莫青也会选择更适合自己的路。

第一节　生涯、职业生涯与职业生涯规划

一、生涯

“生涯”英文 Career，源于罗马字 Via Carraria 和拉丁字 Carrus，二者均指古代战车。在希腊，Career 这个词意为“疯狂竞赛的精神”。所以在西方人的概念中，“生涯”意为在马场上驰骋竞技，隐含有未知、冒险、克服困难的精神。① 但我们通常会把 Career 译为“职业”，即人所从事的工作。现在汉语中，Career 也被译为“职业生涯”。世界职业规划与生涯教育领域最具权威，最有影响力的生涯发展研究者舒伯（Super，1976）认为：它是生活里各种事态的连续演进方向；是一个人一生中所经历的一系列职业与角色的总称，即个人终身发展的历程。

二、职业生涯与职业生涯规划

职业生涯指个体从正式进入职场开始到退出职场这段时间与工作有关的经历、态度、需求、行为等过程，是一个人的终身职业经历。②

职业生涯规划并不是简单地找工作或者只与工作相关。它是指个人与组织相结合。一个人在对职业生涯的主客观条件进行测定、分析和总结的基础上，对其兴趣、爱好、能力及特点进行综合分析

① 金树人．生涯咨询与辅导［M］．北京：高等教育出版社，2007.
② 鲁江旭．大学生职业生涯规划与就业指导［M］．北京：中国轻工业出版社，2016：2.

与权衡，结合时代特点，根据其职业倾向，确定最佳的职业奋斗目标，并为实现这一目标做出的行之有效的行动计划。[①]

三、职业生涯规划的发展

（一）职业指导的萌芽——帕森斯人职匹配理论

职业生涯规划起源于美国。1980 年，有“职业指导之父“之称的帕森斯（Frank Pasons）针对大量年轻人失业的情况，成立了波士顿职业局，首次提出职业指导的概念。[②] 帕森斯人职匹配理论包含以下 3 个方面内容：

（1）要清清楚楚地了解自己，包括了解自己的能力倾向、能力、兴趣、雄心、资源及限制，以及这些特质的成因。

（2）要明明白白地指导各种工作成功所必须具备的条件和要求、优点与缺点、待遇、就业机会与发展前途。

（3）要实实在在地推论以上两组事实之间的相关情形。(Parsons，1909)[③]

即便现在，我们仍能从许多职业生涯咨询案例中看到这三个步骤的影子。

（二）生涯发展理论的兴起

帕森斯的人职匹配三步骤只能被看作是实施职业辅导的指导原则，并未形成系统的理论。到了 20 世纪五六十年代，舒伯等人提出

---

① 李兴洲，单从凯．职业生涯规划［M］．北京：北京师范大学出版社，2015：14.

② 钟谷兰，杨开．大学生职业生涯发展与规划（第 2 版）［M］．上海：华东师范出版社，2016：5.

③ 金树人．生涯咨询与辅导［M］．北京：高等教育出版社，2007：10.

了“生涯”概念，由此带动了相关研究的热潮。许多新观点和方法陆续被提出，生涯辅导才形成了自己的理论，成为咨询心理学的重要分支。舒伯的生涯发展理论包括以下几方面内容：

1. 阶段模型

舒伯认为，人的生涯发展会伴随着年龄的增长而递进，每个年龄阶段各有其生涯发展的任务。他的生涯发展阶段理论以个体的职业生涯发展周期为研究内容。根据个体不同生命周期的特点和不同职业阶段的任务、目标，将职业生涯划分为不同发展阶段，进而提出了不同职业生涯周期面临的管理重点。舒伯将人的职业生涯划分为如下五个主要阶段：①成长阶段，属于认知阶段。②探索阶段，属于打基础阶段。③建立阶段，属于选择和安置阶段。④维持阶段，属于升迁和专精阶段。⑤衰退阶段，属于退休阶段。每一个阶段都有其特定的发展任务需要完成，每一阶段均需达到一定的发展水准或成就水准；而且前一阶段发展任务的达成与否直接关系到后一阶段的发展。大学生的生涯发展阶段属于探索期。这个阶段的主要生涯发展任务是从多种机会中探索自我，逐渐明确职业偏好，并在所选定的领域中开始起步。①

2. 生涯彩虹图

舒伯在原有的阶段理论基础上，增加了角色理论，并将生涯发展阶段与角色彼此间交互影响的状况描绘出一个多重角色生涯发展的综合图形——生涯彩虹图（图 1-1）。它形象地展现了生涯发展的时空关系，更好地诠释了生涯的定义。

① 钟谷兰，杨开．大学生职业生涯发展与规划［M］. 上海：华东师范大学出版社，2008：4.

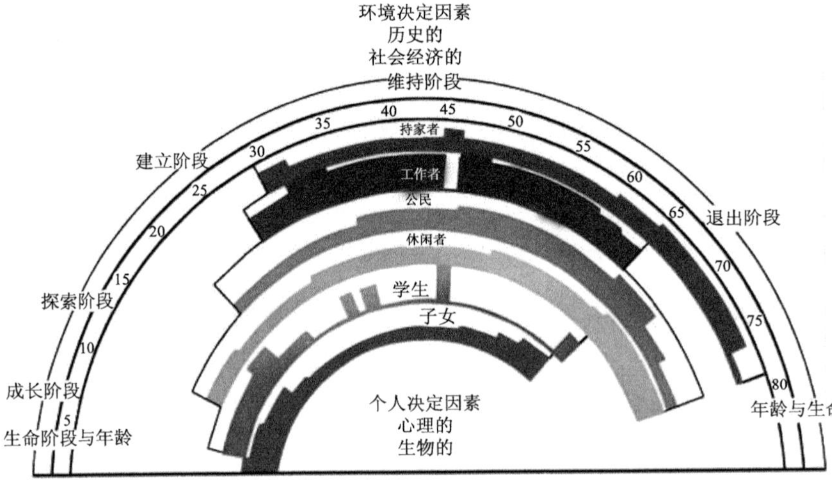

图 1-1　生涯彩虹图①

生涯彩虹图横向代表人一生的不同阶段，纵向代表人在不同时期担任的不同角色。内圈代表角色的弯带互相重叠，粗细不一，表示一个人在人生的不同时间段，投入到各角色的精力分量是不一样的。各种角色之间互相作用，互相影响。如果一个人在某个角色上取得成功，将促进其他角色的发展。如果一个人在某个角色上投入了过多的精力，打破了角色间的平衡，就会导致其他角色的失败。所以，舒伯不仅仅关注职业角色，还重视非职业角色对一个人生涯发展的影响。

（三）当代生涯辅导现状

美国是生涯辅导运动开展得非常普遍的国家。在美国，幼儿园就开始实施生涯辅导了，他们有一套非常完整的生涯教育体系。1971 年，美国教育总署对生涯教育所给出的定义："一种综合性的

① 引自百度百科（https：//baike. baidu. com）。

教育计划，其重点放在人的全部生涯，即从幼儿园到成年。按照生涯认知、生涯探索、生涯定向、生涯准备、生涯熟练等步骤，逐一实施，使学生获得谋生技能，并建立个人的生活形态。”

在中国，生涯教育尚未形成体系，生涯规划还未得到普遍认可。极少数高中开设了相关选修课，但由于专业师资缺乏，并不被重视。即便现在，某些大学仍未开设相关课程，部分大学以选修课的形式开展。值得庆幸的是，职业生涯规划教育吸引了越来越多的大学生关注。越来越多的大学生树立了规划意识，开始重视对自我的关注与认识，重视社会实践，培养各方面的能力。生涯规划渐渐成为同学们心目中生动有趣、学有所用的重要必修课程。

第二节　职业生涯规划的意义与作用

职业生涯规划可帮助个人对自我进行全面透彻地分析，从而更加深刻地认识自己的性格特点、职业兴趣、职业价值和所具备的能力与潜力。在探索与认识职业世界的过程中，评估自己的优势与不足，通过对客观环境的分析，明确个人职业发展的方向，正确选择职业目标；实施有效的行动计划，并克服职业生涯发展中的困难，一步步达成目标，进而实现人生理想。

通过职业生涯规划的训练，可避免大学生在校期间学习和实践的盲目性与被动性。可帮助大学生更加有目标有计划地完成知识的积累与能力的锻炼，少走弯路，节省时间和精力。职业生涯规划技术，可帮助大学生更加清晰客观地了解自己，看到自身与社会要求的差距，激发他们学习、实践，不断进取的愿望。因此在大学阶段进行职业生涯规划对大学生将来职业发展与个人成长有着重大的意义。职业生涯规划能给大学生带来以下价值：

（1）帮助大学生确立与自身情况相符的人生目标，让努力变得有动力。

（2）帮助大学生提高自我认知，明确自身优势与不足。

（3）帮助大学生有目的地培养与锻炼职业能力与素质，锤炼核心竞争力。

（4）帮助大学生认识职业环境，了解职业、市场需求与就业形势，为就业做准备。

（5）帮助大学生从过去的经历中找寻成功的规律，善用资源、优势和机遇。

第三节　系统职业生涯规划六步骤

系统职业生涯规划的六步骤包括觉知与承诺、自我探索、探索职业世界、决策、行动、再评估（成长）六个步骤，如图 1-2 所示。

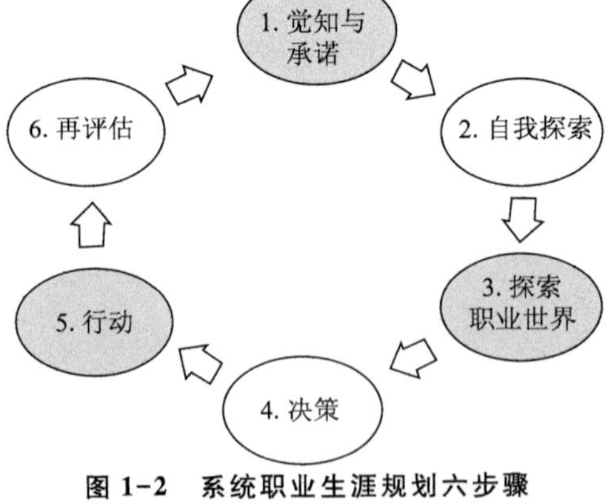

图 1-2　系统职业生涯规划六步骤

1. 觉知与承诺

这个阶段的主要目的是建立生涯规划意识，了解生涯、职业生涯与职业生涯规划的定义。明确职业生涯规划的重要性，并愿意花时间来规划自己的人生。职业生涯规划不能一蹴而就，也不能立竿见影，更不是一劳永逸的事情。随着我们对自我和职业环境认识的加深，职业目标也会随之而改变。所以，职业生涯规划是一个动态平衡的过程，通过对自我和职业环境认识的加深，生涯目标不断调整，这是必然的。

2. 自我探索

很多大学生往往不知道如何择业，那是因为他们不清楚自己想要什么。职业生涯规划是一个由内及外的过程，所以生涯规划首先要认识自我：

（1）我是怎样的性格，我的性格适合什么样的职业环境？

（2）我的职业兴趣是什么，适合我的职业环境是怎样的？

（3）我具备哪些能力，哪些方面我还可以加强与提升，如何加强和提升？

（4）我看中职业的什么特质，职业价值是如何影响我做决策的？

3. 探索职业世界

很多大学生到了大学四年级，即便对自己非常了解，但面对择业，仍然犹豫不决，甚至茫然。这是因为大学生对职业世界知之甚少。所谓知己知彼才能百战不殆，所以大学生需要利用课余时间深入社会、了解社会，增长才干。职业世界探索内容包括以下几部分：

（1）我国有哪些产业？哪些行业？当下哪些行业最热门？

（2）各行业的领头企业或知名企业，企业的业务范围，企业的类型、文化与风格。

（3）能提供哪些岗位，岗位的职责与要求、相关培训学习渠道与发展路径。

（4）国家宏观经济发展政策，如两会政府工作报告等。

（5）职业宏观发展趋势。

4. 决策

决策是梳理与评估对做决策有帮助的信息，是确立生涯目标与职业生涯发展行动计划的关键一环，它包括以下内容：

（1）对所搜集信息的综合整理与评估。

（2）考虑各种可能性，锁定 2-3 个选项。

（3）理性决策，确立生涯目标，制定职业生涯发展行动计划。

5. 行动

行动是将所有的设想与计划落地的一步。行动非常重要，只有行动起来，我们才会更加接近目标；否则，目标只能是停留在想象中的海市蜃楼。对大学生来说，行动包括以下内容：

（1）有条理、按计划完成学业。

（2）参与社会实践与工作实习。

（3）制作并投递简历，参加面试。

6. 再评估（成长）

随着我们对职业世界更加了解，对自我认识更加全面，我们可能会继续按照原有规划前进；也有可能在与职业接触过程中，发现原来的生涯目标与计划并不适合自己，或者发现过去的规划并不是最佳方案。这就需要再次进行系统的生涯规划，修正生涯目标。这也是为什么我们总说职业生涯规划是一个循环的、动态平衡的过程。这部分内容包括：

（1）实习实践，深入职场。

（2）管理与修正自己的职业生涯规划。

第二章

自我认知

【本章学习目标】

◆ 通过 MBTI 测评，促使大学生思考性格特征对职业的影响，更准确地探索自己

◆ 通过编写成就事件、发布能力标签等方法，帮助大学生从以往的各种经验中辨识个人所擅长的技能，达到展现自我、推销自我的目的

◆ 通过职业价值理论和价值超市的学习和测试，使大学生理解职业价值的意义，甄别真实的职业价值，初步确立自身职业价值

◆ 通过兴趣探索和霍兰德测试，帮助大学生对齐兴趣进行探索与分类，区分“兴趣”与“职业兴趣”，掌握培养职业兴趣的方法

【案例导入】

案例一

日常跟毕业生聊天常听到这些话："老师，我天生内向！公众场合都说不出话来，更别提演讲了。""老师，我性格太直，不擅长与别人沟通。""老师，我觉得之所以跟他相处不好，就是性格不合。""老师，我是处女座，确实有点钻牛角尖。"

难道……这真的是性格的问题吗？性格决定命运吗？

案例二

毕业生小王所在公司因业务变化，所有销售人员都要转型去做在线运营。小王做了3年销售，对销售技能、流程已经非常熟练。现在被安排到新的岗位，意味着积攒多年的经验派不上用场了；但他又不想离开，怎么办？

两个故事听上去关系不大，其实讲了一个道理：在日新月异的今天，职业会变化，职业生涯规划亦要改变。

案例三

小李今年大学四年级，最近他为择业犯了愁。室友帮他列了一份A公司与B公司优劣势清单，并极力说服小李选择A公司。室友觉得A公司福利待遇好、稳定、离家近，一大堆理由。最后，小李却选择了B公司，因为他觉得B公司才是自己想要的。

同一件事物对不同的人有不同的价值，职业也是如此。价值理念是我们择业时的内在标准。每个人都有自己的价值理念，但每个人并不一定都清晰自己的价值理念。

第一节　职业与性格

一、性格

性格也叫人格特质，是一个人在生活中对他人、对事、对自己、对外在环境所表现出来的一致性因应方式。① 如果把我们每个人比作一艘停泊在海上的船，船锚就是我们的基因和气质——一旦锚定，不会移动，决定了你行动的原点；而性格是链条，连接船和锚，决定了你行动的范围。

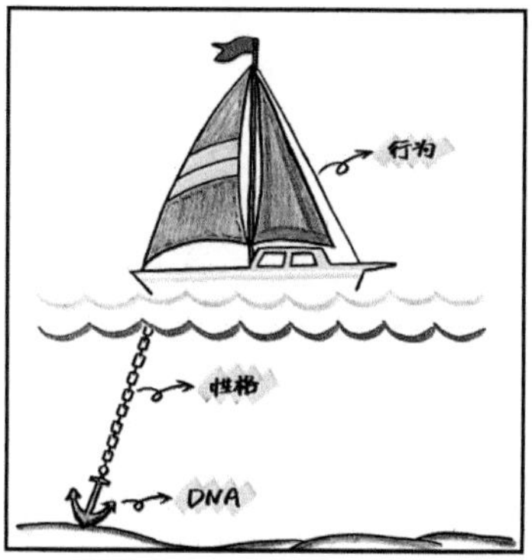

图 2-1　船锚模型②

二、性格不是决定行为的唯一因素

通过上图可以得知，洋流、船锚、链条都有可能决定船的航向。

① 钟谷兰，杨开．大学生职业生涯发展与规划［M］．上海：华东师范大学出版社，2008：10.

② 理解“船锚模型”，释放个人潜力·超级个体栏目（35-1）［EB/OL］．［2017-06-19］．得到 APP.

同理，一个人的气质、性格、情境都有可能决定其行为。每个人在成长经历中，可能受到生理、遗传、家庭教养、文化、学习、经验等因素的交互作用。

三、性格到底决定了什么

性格决定的是能力练习的路径。在今天的商业社会中，大部分技能都是人类在近几百万年进化过程中发展而来的，与基因、性格没有太大关系。例如在公众面前表达自己观点的能力，性格内向的人倾向于提前准备，反复独自打磨；而外向的人则喜欢一边说一边调整思路。每个人都能找到适合自己的路径。所以如果有人对你说：你不会演讲是因为性格原因。那你不妨告诉他：只要找对适合自己的方式，不断练习，克服心理障碍，谁都有可能成为出色的演讲者。

互动练习 性格测试

1. 你觉得自己的性格可用哪三个词形容？

2. 你第一次什么时候意识到自己与众不同？

MBTI 职业性格测试——http：//www. welefen. com/lab/mbti/

注：美国心理学家 Katherine Cook Briggs（1875-1968）和她的女儿心理学家 Isabel Briggs Myers 根据瑞士著名心理分析学家 Carl G. Jung（荣格）的心理类型理论及她们对于人类性格差异的长期观察和研究而著。经过长达近 70 年的研究和发展，MBTI 职业性格测试已经成为世界上应用最广泛的性格测试工具，被翻译成近 20 种世界主要语言，使用者每年多达 200 多万，深受好评。

第二节　职业能力

一、能力的分类

能力分成三个部分：知识、技能、才干。①

知识是一个领域的专业知识、概念、做事情的流程，可以通过学习记忆得来。

技能指我们能熟练操作和完成的一系列动作，要通过训练得来。

才干是我们通过大量练习，内化为无意识使用的一些技能、品质和特质，是先天天赋和后天练习的混合；通过大量训练，由技能内化而成。

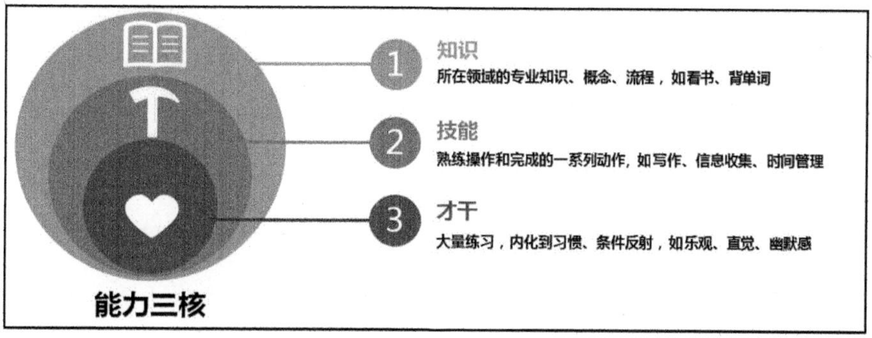

图 2-2　能力的分类

① 比学习技能更重要的，是迁移技能·超级个体栏目（4-1）[EB/OL].[2016-11-14]. 得到 APP.

二、能力的迁移

如你的专业是英语，将来你也许想做一名翻译、英语教师或者外交官。翻译工作需要你具备搜集整理的能力，英语教师和外交官则要求你具有良好的表达能力。无论你选择哪种职业，都要学会通过可迁移技能来运用你的知识技能。所以，你可能并未从事过你要应聘的职位，但只要你具备这个岗位所需要的各项技能，你就可以勇敢地去尝试。无论你是“科班”出身，还是“半路出家”，只要你能把所学的知识、能力进行迁移，就可以跨专业从事你理想中的职业，尤其是那些对知识技能要求并不是很高但对可迁移技能要求较高的职业。举例说，也许你并不是营销专业的学生，但凭借良好的人际交往技能你完全有能力胜任销售工作。

投资人的“能力三核”大致为：

知识：各行业的知识、投资流程、各种商业模式等。

技能：快速学习、数据调查、结构思考、情商、谈判能力等。

才干：决断力、洞察力、个人魅力等。

当一个投资者拥有了基本技能和才干，他可以在很短时间进入一个新的领域，快速成为这个领域的高手。进一步说，有了这些基础能力，他除了可以做投资，同时可以做战略分析、企业咨询、写作、资源整合等。成功者往往很容易在各个领域间迁移，因为他们只需重新组织知识、技能和才干。

理解了能力迁移，我们就会理解为什么很多首席执行官是市场总监或销售总监出身。因为首席执行官的工作跟销售工作很类似。销售需要向消费者销售产品，首席执行官则需要向商业伙伴推销商业概念，向员工解读愿景，向投资人售卖商业计划。从本质上来说，领导者和销售人员两种职业可迁移度很高。互联网公司的首席执行官很多是产品经理出身，因为两者的能力模型更加接近。

虽说隔行如隔山，其实真正相隔的只是底层入口处。越往上走，所需能力、才干越接近。只要我们在某一个领域努力练习过，相应提升的技能和才干都不会白费，因为这些可以迁移到别的领域。

互动练习　能力迁移

1. 哪件事给你的帮助极大，其间提升的能力很大程度成就了今天的你？

2. 根据刚学习的“能力三核”模型，分析从中学到和迁移的技能和才干。

三、能力的萃取[①]

“萃取”是一种用溶剂分离混合物的方式。例如，浓缩茶、茶膏就是用萃取的方式做出来的。先制作茶汤，然后用工艺提取其中的精华。

能力萃取就是从过去的成功经验中提取能力精华，运用于另一个领域的能力。

举个例子，当你参加一个求职面试，如这样介绍自己：

“我篮球打得不错，带团队拿过全市篮球比赛第一名。”

面试官也许会很惊讶，但你未必能获得这份工作。

---

① 像顶级跨界高手一样，萃取你的核心能力·超级个体栏目（4-2）[EB/OL].[2016-11-15].得到APP.

但如果你换下面这种方式，情况或有所改观：

“我篮球打得还可以，大学四年级带团队拿过全市篮球比赛第一名，那是我们学校历年来第一次进入前三名。因为我的身体素质不算好，所以我选择了做后卫，做后卫就要把中远投球练到最好。带团队让我学会了如何让一群优秀的人通力合作，这培养了我的领导能力；有一次我们差点被淘汰，在中场休息时我做了思想动员，激励大家，并最终取得了胜利。现在每遇到新问题，我就会应用这种做事的方式——先看清全局找准定位，带领团队，让大家相互协作；即便处于低谷，也决不放弃，激励大家尽力而为。”

相信故事讲到这，面试官会给你一个新的评价。

当企业缺管理人员需要人带团队时，很有可能会想起你。

能力萃取是很多成功者的秘诀，管理学大师彼得·德鲁克每隔三四年就换一个领域深入研究，统计学、中世纪史、日本艺术或经济史……三四年也许不至于成为专家，但是却可以获得全新的视野、能力以及资源。三四年后，他又把自己在上一个领域的感悟和资源，迁移到下一个领域。上下两个领域的知识和资源往往相互呼应、互相印证又彼此不同，经过整合、萃取，终成一通百通之势。

今天如果你能够从过去的经验中萃取核心能力，并迁移到新领域，你就有机会成功。

四、能力萃取的方法

1. 讲一件自己做得很不错的事

可以从之前的学习、生活中挖掘，即使是一件小事。例如通过仔细查找资料，对比报价，与商家讨价还价，帮社团/部门多拉赞助费。这从侧面可以证明你具有一定的“数据分析能力”和“谈判能力”，还显示你很有胆识。

我们还可以从个人爱好里发掘，如把爱好、兴趣等做到极致，即使是一件小事。星巴克CIO史提芬（Stephen Gillette）就是魔兽世界的70级祭司、游戏公会领袖。他每周坚持打6个小时游戏，他认为自己从游戏中学到了如何领导和管理的核心要义。

此外，我们还可以从生活中挖掘寻找自己的优点。

例如喜欢操持家务的人。据说，一个优秀的家务劳动者的可迁移能力可以和首席执行官较量——家庭财务的“预算建立与控制”技能，长辈、晚辈的“共情、教导”技能，和不同起居习惯的人住在一起还能和睦相处的“高难度沟通”能力，自我调控的“压力管理”能力……

2. 萃取××能力

向别人解释这是一种什么能力，告诉或者暗示大家，它对于你来说在一个新领域有什么价值。

小贴士

日本职业生涯规划专家大久保幸夫写的书《12个工作的基本》，详细谈到了他认为的12项基本能力：反应力、亲和力、乐观力、目标发现力、持续学习力、语境理解力、专业建构力、人脉开拓力、委任力、商谈力、传授力、协调力。

用人单位筛选毕业生最看重的5个方面

第一项	思想品德
第二项	沟通能力
第三项	抗压、应变能力
第四项	团队协作能力
第五项	创新能力

互动练习 回顾一段自己满意的经历

如果让你从这段经历中“萃取”一两个能力，是什么能力？

这些能力对于你当前的学习、生活或困难有什么支持？

根据这些思考，把自己这段经历中培养的能力“萃取”出来，作为能力标签，发到朋友圈。

发朋友圈内容如下。

“我的能力标签：我曾经……（一段经历），这让我学到……能力/这让我意识到我有……的能力（可迁移能力）。我可以把这些能力运用到……（新领域）去。”

（注：之所以要求是朋友圈，因为这个能力标签必须真实、可信、符合大家对你的印象——如果你愿在朋友圈发送，证明这句话符合这三个要求，也是自我营销的好方式。）

第三节　职业价值观

每件事物都有不同的价值，每份工作也是如此。这些价值在一个人内心中的重要程度排序，就是其价值观，每个人的价值观各不相同。价值观是我们判断对错和决策的内在标准。

一个人一天中，有意识无意识做出很多决策。虽然每个人都有自己的价值观，但并不一定每个人都清晰自己的价值观。

一、职业价值观的意义

1. 决定职业满意度

调查显示，职业满意度的决定性因素不是金钱，而是职业价值的满足程度。

对于“实习阶段”的人来说，收入多少不要紧，开阔眼界最重要，因为此时“可能性”是他的核心价值。

对于“职业发展前期”的人来说，“发展速度”是他的核心价值，钱多钱少也不那么重要。

对于有孩子，还背着房贷的中年人，“稳定的收入”也许是他最看重的。

等到家庭稳定，经济宽松，“实现自身价值，做点有意义的事”又成了一个人新的核心价值。

当我们不清楚自己要什么，就会下意识地盯着自己最缺的东西——有了钱和别人比兴趣，有兴趣了和别人比稳定，稳定了又觉得别人挑战多，过得更有意思……永无宁日。

所以，一个不清晰自己价值观的人，是一个永远无法满足的人。因为这种人的预期不是要更好，而是不能比别人差。

2. 做好人生重大决策

前段时间，某论坛上有篇很火的讨论帖。26 岁的 A 先生面临一个抉择：家人帮他在老家谋了个职位，单位离家近，能照顾父母，小城市也稳定宜居；但由于是三四线城市，所以机会不多，没有挑战性。A 先生原来的单位在北京市的五道口，“宇宙中心”精彩纷呈，机会不断；但是压力挑战大，没法顾及家人。他一时犯了难，不知道该如何选择。于是，把问题发到网络上，想听听广大网友的想法。有人洋洋洒洒写了个几千字的建议帖，一句句“如果我是你，会如何如何……”可事实上，他们永远都不可能是你。

这个决策的核心其实是——“家庭生活”和“人生可能”哪个更重？这取决于你想成为什么样的人？背后是你的价值观——只有了解自己内心的真实想法，才能做好人生重大决策。

3. 成为优秀者，让人生有意义

卓越的技能源于长时间的持续刻意练习。但在一个多诱惑和机会的时代，如何能让我们苦苦坚守于一个领域并做到极致？兴趣可以让我们选择一种职业，长期驱动我们的却是价值观，也就是说职业价值观清晰的人更容易成功。

人生不可能依靠“激情”来推动，激情如瀑布，是憋屈久了的释放，不是常态。人生应该靠热情推动，如大河奔流。价值观就是人生的万有引力。曾经的“烟草大王”褚时健75岁时才开始种橙子，驱动他的是他朴素的价值观——活着，干事；干事，干好。同样，比尔·盖茨放弃微软帝国投身慈善，松下幸之助晚年创立松下政经塾——都是受价值观所驱动。

拓展阅读　褚时健二次创业

褚（chǔ）时健，云南红塔集团有限公司和玉溪红塔烟草（集团）有限责任公司原董事长，褚橙创始人，先后两次成功创业，被誉为中国烟草大王、中国橙王。1979—1994年，他成功将红塔山打造成中国名牌香烟，使玉溪卷烟厂成为亚洲第一、世界前列的现代化大型烟草企业。1994年，褚时健当选全国“十大改革风云人物”，成为“中国烟草大王”。1999年1月9日，71岁的褚时健因经济问题被判处无期徒刑、剥夺政治权利终身。2001年5月15日，因为严重的糖尿病获批保外就医，回到家中居住养病，活动限制在老家一带。2002年，保外就医后，与妻子在玉溪市新平县哀牢山承包荒山种植橙子开始第二次创业。2004年获假释，后减刑为有期徒刑17年；2008年，减刑至有期徒刑12年；最终减为12年，2011年刑满释放。2012年11月，85岁的褚时健种植的“褚橙”通过电商售卖。褚橙品质优良，常被销售一空，褚时健成为“中国橙王”。2012年当选云南省民族商会名誉理事长。2014年12月18日，褚时健荣获由人民网主办的第九届人民企业社会责任奖特别致敬人物奖。

二、如何弄清价值观①

1. 三个标准

判断价值观的三个标准：①能表达清晰。②做决策时能想起。③平时在真实主张和践行。

2. 真实地感受自己

价值理念没有对错。

罗素说："关于'价值'问题完全是在知识的范围之外。也就是说，当我们断言这个或那个具有'价值'时，我们是在表达自己的感情，而不是在表达一个即使我们的感情各不相同却仍然是可靠的事实。"所以当你买件衣服可能会进行比价，即理性行为；但人生很多重要的决定，如和谁结婚、去哪个城市……却往往是靠直觉决定，因为最重要的底层决定往往都是有情感参与的。也就是说道德用来判断，而价值观是用来感受的。

3. 选择一个相对系统的价值观词汇表（详见"互动练习"）

三、如何确定自己的职业价值观

职业价值观是人们衡量各种职业优势、意义、重要性的内心尺度，是人们对待职业的信任度和态度。当代大学生的职业价值观具有理想与现实并重、求职意向多元化和择业过程矛盾重重等特点。大学生的职业价值观将会对大学生的学习态度产生重大影响。大学生必须正确认识自我、认识社会、认识就业形势，树立正确的职业价值观。

---

① 价值观：除了缺钱你还缺啥·超级个体栏目（19-1）［EB/OL］.［2017-02-27］. 得到APP.

1. 勇于面对竞争

大学生应当敢于竞争，树立“爱拼才会赢”的观念，做好多方面的心理准备。只有这样才能在强大的就业压力之下，找到自己的一席之地。

2. 树立自主创业和终身学习的观念

自主创业不仅能缓解强大的就业压力，而且对个人而言也是一种磨炼。大学教育固然重要，但只是终身教育中的一个阶段，大学毕业生务必形成终生学习的意识观念。

3. 加强学校科学职业价值观的教育

大学生职业价值观的完善，需要把党和国家的教育方针、高等教育培养目标和大学生实际紧密结合起来。高校应该加强职业认知教育、加强社会主义核心价值观教育、加强择业心理教育。

4. 处理好职业价值观与个人兴趣、特长的关系

职业价值观、个人兴趣和特长是人们在择业时需要考虑的最重要的三个因素。大学毕业生择业时可与自己的兴趣和特长相结合，充分调动潜能，获得职业发展的源动力。

互动练习 确立职业价值观

步骤一：让自己保持平静和不被打扰，整个流程大概 5-10 分钟。

步骤二：从上图 15 项价值观中选出对自己最重要的 8 个。

步骤三：在 8 个选项中删除 3 个（不是选出 5 个，而是删除 3 个。注意——假如你删除了“薪酬福利”，则意味着你永远无法在这个选项上满意了；可以反复体验这个感受）。

步骤四：继续删除 1 个选项，留下 4 个。

步骤五：再删除 1 个，留下 3 个选项。

步骤六：最后将 3 个选项按照重要程度排序，确定职业核心价值观，尝试用实例说明对自己职业核心价值观的理解，并且对当前学习、生活或工作做出满意度评价。如追求新意 7 分，美感 8 分，经济报酬 9 分。

第四节 职业兴趣

做你自己喜欢的事，并且一直坚持下去。如果能把兴趣作为职业，是多么美好的一件事。我们经常听到类似的感悟和想法。

一位在外企工作的女性，因为特别喜欢咖啡，经常想象着在阳光明媚的下午，坐在咖啡厅喝一杯自己亲手制作的卡布奇诺；同时，伴随一曲巴赫的音乐，那感觉简直太美妙。她决定开一间咖啡厅。

但事与愿违，从装修开始，就不断遇到各种麻烦事。最后只好转型做餐饮。

所以，到底能否把兴趣作为职业？

英文中，业余爱好者“Amateur”一词来源于词根“am”（爱）。而专业人士“Professional”则来源于“Profess”（表达），意思是在神面前发誓效忠。

一个是只要“爱”就好，一个则要一辈子效“忠”。

一、兴趣与职业兴趣的区别①

兴趣是为了自娱，职业兴趣则是为了交换。

核心区别不在于能否挣钱，而在服务于谁。同一项技能，自娱还是交换，服务的对象不同，所需要的心态、技能完全不同。毕加索和梵高都是大师，艺术成就都很大，但他们的收入水平相差甚远。梵高一辈子正式卖出去的画只有一幅，价值3法郎；毕加索的财富则是艺术家中排行前三的人，是生前作品就进入卢浮宫的第一人。两人的共同点是都爱画画，且都为自己而画，视艺术为最高追求。但是毕加索有一点比梵高高明——他更懂得照顾大众的需求。他明白真懂画的人少，人们只需要故事。毕加索常在记者会上，抽着雪茄讲述画背后的故事，时不时创造几个谁也不懂的名词；他还会邀请巴黎名流讲述看画的感受……可以说，毕加索除有一个画画的爱好，还有一个审视大众审美和利用舆论宣传的职业兴趣。

二、兴趣如何成为职业？

尝试把“消费型兴趣”变成“生产型兴趣”。

消费型兴趣以消费价值为基础，生产型兴趣则是以产出价值为

① 怎么把“消费型”爱好变成“生产型”爱好·超级个体栏目（33-2）[EB/OL].[2017-06-06].得到APP.

基础。

人们常被问到——有什么爱好?

有人说喜欢看电影、逛街、旅游等——这是消费型兴趣，是享乐。消费型兴趣很舒服，但无法持续。只有生产型兴趣才有机会变成职业，因为他有价值产出。如“追剧”是消费型，写剧评则是生产型兴趣；享用美食是消费型兴趣，而专业评论美食是生产型兴趣；开车是消费型的，而教练教人开车便是生产型的。

小贴士

对于初入职场或刚刚毕业的大学生，首先要明确，兴趣对于职业的重要性；但是，兴趣不是永远处在第一位的。在职业发展的前三年，排序应该是：生存—能力—发展—兴趣。

互动练习 职业兴趣测试

(1) 日常生活中，你有哪些消费型兴趣?

(2) 有没有尝试过把消费型兴趣转变为生产型兴趣?

(3) 如果有，效果如何，有何收获?如果没有，原因是什么?

霍兰德职业兴趣测试：

http：//www. xjy. cn/ceping/new/ready/id/3. html

注：约翰·霍兰德（John Holland)，美国约翰·霍普金斯大学心理学教授，美国著名职业指导专家。他于1959年提出具有广泛社会影响的职业兴趣理论。认为人的人格类型、兴趣与职业密切相关，兴趣是人们活动的巨大动力。凡是具有职业兴趣的职业，都可以提高人们的积极性，促使人们积极愉快地从事该职业，并且职业兴趣与人格之间存在很高的相关性。霍兰德认为人格可分为现实型、研究型、艺术型、社会型、企业型和常规型六种。

第三章

职业认知

【本章学习目标】

- ◆ 了解职业世界
- ◆ 掌握职业探索方法
- ◆ 分析评估职业环境
- ◆ 了解行业、企业与职能
- ◆ 通过职业规划自己的专业学习

【案例导入】

2017级英语翻译专业学生小陈面对未来很迷茫，对所学专业没有太多感觉。别人都说这个专业是万金油，没什么竞争优势。所以他想利用业余时间再学习一些其他专业的知识或技能。但究竟有哪些适合自己的工作，这些工作的从业要求是什么，小陈一点也不知道；况且自己喜欢什么工作也不清楚。小陈陷入困惑之中。

读了十几年的书，突然要面对社会、面对工作，这份陌生感对大学毕业生而言，是正常的。由于对职业世界的不了解，他们通常表现出两种极端状态：一无所知和想当然。这使大学生们在进行职业规划或求职时易产生困惑，难以决策，陷入被动。加强对职业世界的探索和了解可以帮助大学生更为主动地把握个人职业生涯的发展规划。

第一节　职业世界总览

要做职业生涯规划，就要对职业世界有所了解，这既必要又很重要。那么如何做？认知什么？要解决什么问题？包括入职要求、工作内容、职业机会、职业空间、关系；包括寻找工作、认知匹配、职场攻略、行业动态、产业发展、组织文化，有太多的东西需要我们去探究。

从静态角度来看待职业世界，职业世界是由地域、行业、组织、职业、职位所构成的一个嵌套生态系统。职业世界=职业/职位+组织+行业+地域。系统中，大系统的改变会引发小系统的变化。

第二节　职业探索的方法

一、开展校内外职业实践

1. 认真做好校内每项工作

大学期间，校内有许多职业实践机会，诸如担任学生干部、开展勤工助学、在校内实习基地实习、参加学生社团等。大学的学生干部从校级、院级到班级，从学生会主席到班里小组长，既是协助学校和老师做好有关学生管理的工作，也是学生自我锻炼的舞台。能够担任学生干部的同学应认真投入，树立服务同学的良好心态；积极组织开展相关活动，努力完成职责。这样就能使自己的综合素质得以提高，并逐渐培养其组织、沟通、协调及管理能力。大多数同学可以寻找校内勤工俭学机会，如协助老师做一些办公室工作等。通过这些活动，可以培养学生的实践技能，使学生养成良好的工作态度。

校内实习基地是大学生进行实践活动的另一重要场所，专业技能只有通过亲自动手才能掌握。因此，大学生应该重视每一次课程实习，积极参与其中。

学生社团也是大学校园内学生进行实践活动的平台。大学生可以根据自己的兴趣和需要，在充分了解的基础上，有选择性的参加；并积极参与社团组织的活动，踏踏实实做好分内的工作，使自己的综合能力得到提高。

需要注意的是，实践并非越多越好，过多的实践，过重的工作任务，必然会影响到学业。作为学生，完成学业是主要任务。因此，大学生开展实践活动不要盲目求多，只需选择某一项或两项工作认真做好，就会终身受益。①

2. 寻找校外实践机会

相对校内实践来说，校外职业实践较为复杂，但更能锻炼人。大学期间，课余时间较多，怎样合理安排业余时间，是每位大学生都需要认真考虑的事情。在保证课程学习和适当休息的同时，大学生不妨主动出击，寻找从事与自己兴趣、专业相关的兼职工作。同样，在近两个月的暑假里，也可以考虑结合自己的专业参加学校组织的暑期实践，或者通过各种方式到与所学专业相关的用人单位实践。即使找不到与专业相关的工作，做一下简单的杂务，甚至是纯体力工作也是很有价值的，至少可以锻炼吃苦耐劳的精神。通过校

① 大学生职业探索的途径与方法（http：//www.docin-com/P-995523269.html）.

外实践，大学生不仅可以对自己有更为深入的认识，还可以了解社会的就业需要，培养职业能力，发现适合自己的工作岗位，为今后顺利就业打下基础。

当然，大学生的校外实践要妥善处理好校外实践与课程学习；还要处理好校内各种活动的冲突，并确保自己的人身安全。

二、收集、分析并评估职业信息

职业信息不仅仅是企事业单位的招聘信息，还包括各种媒体传递的经济发展形势报告和趋势预测、国家或地区的产业和就业政策、政府机关和事业单位人事机构改革方案及人力资源市场的供求状况等，甚至国家某项大的工程建设、某个地方的经济开发方案也都是具有价值的职业信息。另外，国家政策法规、国际交往、世界形势都会影响就业形势和对人才的需求，因此，这些都是大学生应该关注的内容。

职业信息的来源很广泛，总体可分为正式渠道和非正式渠道。正式渠道有网站、人才市场、各类媒体等。各地的主要报刊、电视台、广播电台等媒体都会开设有关招聘信息、技能培训、政策法规等专题节目或固定栏目。通过各种正规的人才网站和企事业单位的网站，大学生可以获得用人信息、了解用人单位的状况及前景，还可以通过网络检索到有关职业的现状、趋势等。非正式渠道主要指通过人际关系了解职业信息。首先，在与同学、朋友交流过程中要多谈兼职、打工实习感受，也可以多与求职创业成功的同学交流，详细了解他们的经历，作为以后自己的目标与方向。其次，经常与父母、已工作的亲戚交流自己对工作的想法，他们会提供一些工作经验和人脉信息。最后，根据所学的专业或者自己感兴趣的行业，有选择性地和某些企事业单位的职员、人事部门经理、总经理进行交流，了解相关的职业能力要求、工作环境及待遇、就业行情等具有价值的信息。

面对收集到的种类繁多的职业信息，大学生还要学会对其进行鉴别。对于不同渠道得到的信息要进行比较、分析、鉴别和核实。可以通过电话咨询、查看网络，也可以查阅有关文件、政策法规，必要时亲自到有关部门或找相关人士咨询，乃至进行实地考察。最后剔除虚假信息，筛选出可靠有用的信息，并对其进行分类整理后，予以妥善保管以备后用。需要注意的是，当需要用到其中的某一信息时，还需要有针对性地对其进行补充收集。

三、尝试职业测试

目前社会上的职业咨询机构和一些大学里的就业中心都有职业测评系统。大学生可以通过职业测试了解自己的性格、气质、能力、职业兴趣。大学生常用的职业测试量表有：霍兰德职业兴趣测试，测量个体的人格类型所对应的职业兴趣类型；MBTI 职业性格测试，测量受测者在不同特点上的倾向水平，让受测者全面了解自己的总体个体偏好以及在工作中的优势和劣势；DISC 性格测试，用于测查、评估和帮助人们改善其行为方式、人际关系、工作绩效、团队合作、领导风格等。三叶草测评则帮助人们找出职业困惑的根源。

大学生在进行了以上活动之后，要对各方面的条件进行权衡，兼顾自己的主观需求和客观现实，从而做出合理的职业选择。

第三节 职业环境的分析与评估

一、职业宏观环境分析

通过对社会大环境（包括国际、国内与本人所在地区环境 3 个层次）的分析，来了解和认清国际、国内和本人所在地区的政治、经济、科技、文化、法制建设、政策要求及发展形势，以便更好地寻求发展机会。当前宏观环境非常好，社会安定，政治稳定，经济发展迅速，与世界快速接轨；法制建设不断完善，文化繁荣，科学技术突飞猛进。在这个大前提之下，我们需要关注的是职业环境的变化。

二、他人情况

学习、工作、创业是一个群体性组织活动，大小部门都是由不同数量、不同年龄、专业、性格、兴趣的人组成。了解他人，便于团结协作，促进个人职业发展。

三、组织情况

通过对组织的构成、性质、特色，人事、财务、工资，管理、发展目标及形态（处于创始、发展、稳定、衰退期）等进行综合分析，确定符合组织要求的职业发展目标。

四、人才需求分析

人才需求分析指社会各行业当前对人才的需求状况。例如，随着信息技术的发展和普及应用，社会对计算机、网络等方面的应用型人才需求不断增加；同时，对各种管理人才的需求也越来越旺盛。对这方面信息的分析可以帮助大学生了解自己所具备的知识和技能是否为社会所需要。明确社会需求，大学生就应在相关方面主动学习和提高，以更好地适应社会。

人才竞争状况，指社会各行业人才竞争状况。人才市场中，往往很多人竞争同一个单位或同一个岗位。通过了解和分析人才竞争状况，可以使大学生了解与自己竞争相似职位的竞争者状况；可以帮助大学生了解与他人相比自身的优势在哪里，不足在哪里。知己知彼，方能在竞争中获得优势。

相关政策，指国家和当地政府制定的各项有关政策。目前，有关就业的国家政策对大学生就业市场健康发展发挥重要作用。通过政策分析，大学生可以发现一些新的就业机会，以便在进行职业设计时充分利用。例如，对大学生志愿服务西部的鼓励政策，对大学生的创业扶持计划等，有利于到西部发展和创业的同学找到职业发展机会。

五、行业状况分析

（一）行业发展现状分析

首先要了解行业基本情况和现状，行业的发展趋势：是夕阳产业，如资源消耗大、环境污染大的小型采矿业、小型造纸厂等；还是朝阳行业，如旅游业、保险业、管理咨询业等。

其次是关注重大事件对行业的影响。行业的发展往往容易受到国内国际重大事件的影响，进而影响该行业能否提供足够多的就业机会。如2018年智博会在重庆的召开就拉动了重庆乃至全国的经济发展，给建筑业、旅游业和服务业等提供了较大的发展机遇，提供了较多的就业机会。

再次是要看到行业优势及问题。社会的发展变化总是引起各行业的变化。行业的优势和劣势都是相对的。我们要特别关注行业目前存在的主要问题，可否改进或避免还是无法消除？行业具有哪些优势和竞争力？这种优势会持续多久？

（二）行业发展前景预测

发展前景预测可以从两方面进行分析：一方面是行业自身的生命力，是否有技术、资金支持等？另一方面是国家对相关行业的政策。如国家会根据经济与社会发展状况对一些行业实施鼓励、扶持，对一些行业则限制发展等。

总之，通过分析和了解影响职业生涯的行业因素，有利于大学生选择有发展前途的行业和职业，有助于个人职业目标的更好实现。

（三）家庭背景和社会关系、家庭经济状况

家庭背景、家庭拥有的社会资源状况，可以通过不同方式影响子女（大学生）最终的就业。

第四节　行业、企业与职业

一、深度了解行业

行业指按产品或工艺流程或劳动服务划分的经济活动类别，表3-1为常见行业。

表 3-1 常见行业

互联网	电子商务	保险	银行	基金	证券	投资
房地产	广告	会展	快速消费品	贸易	进出口	教育
加工制造	医药	交通	运输	物流	旅游	培训
酒店	餐饮	美容	媒体	能源	石油	电力
水利	环保	政府	公共事业	农业	军人	娱乐
航空航天	租赁	零售	咨询	出版	学术研究	公益组织

个人的职业发展与行业发展紧密联系，行业的快速发展可以促进个人的职业发展。胶卷作为20世纪最伟大的发明之一，见证了人们的美好时刻；但随着数码浪潮的兴起，胶卷渐成为历史。大量与胶卷相关的从业者逐渐淡出这个行业。智能手机行业的兴起，引爆了电信行业近年来爆发式增长，带动了软件设计者和硬件工程师的职业发展。

（一）了解行业的途径

1. 国家或地区发展纲要

国家或地区发展纲要是国家或地区未来几年或更长一段时期要大力发展的产业规划文件。这可以成为行业选择的参考。

2. 互联网

（1）Wikipedia或者百度百科

这是了解一个行业最快最直接的方式。虽然这类平台发布的相关信息多半需要我们甄别，但对我们方便快捷了解行业大体状况很有帮助。

（2）金融投资机构的行业研究报告

可以通过谷歌或百度，查寻权威机构近2年的深度研究报告，这类报告对我们选择行业也有较大的参考价值。

(3) 咨询公司行业分析报告

首推 BCG，这是一家全球性管理咨询公司，其行业分析报告水准很高，更新快且资源丰富。其次，麦肯锡季刊、贝恩、腾讯的企鹅智库、阿里研究院、百度营销研究院、CBNData 、360 营销研究院、CNNIC 、易观、艾媒、艾瑞等平台都可以查寻到相关行业的热点及趋势分析资料。

3. 亲朋好友

同学是很好的资源渠道，往往能获取很多有用的信息。用好 linked In 网站，如果能在你想了解的行业或者企业找到学长学姐，一定能得到你想要的内容。不要忽视了亲戚朋友的力量，他们的丰富阅历和社会资源可能比你在 linked In 上搜索一整天还要有用得多。

(二) 行业间的收入差距

近年来，我国行业间收入分配总的趋势是向技术密集型、资本密集型和新兴产业倾斜。某些垄断行业的收入较高，而传统的资本含量少、劳动密集型、竞争充分的行业，收入水平则相对较低。

表 3-2 行业间平均工资水平（元）

行业	2016 年	2015 年	2014 年	2013 年
农、林、牧、渔	33612	31947	28356	25820
采矿业	60544	59404	61677	60138
制造业	59470	55324	51369	46431
电力、燃气及水的生产和供应	83863	78886	73339	67085
建筑业	52082	48886	45804	42072
交通运输、仓储和邮政业	73650	68822	63416	57993
信息传输、计算机服务和软件业	122478	112042	100845	90915
批发及零售业	65061	60328	55838	50308
住宿和餐饮业	43382	40806	37264	34044

续表

行业	2016年	2015年	2014年	2013年
金融业	117418	114777	108273	99653
房地产业	65497	60244	55568	51048
租赁和商务服务业	76782	72489	67131	62538
科学研究、技术服务和地质勘查业	96638	89410	82259	76602
水利、环境和公共设施管理业	47750	43528	39198	36123
居民服务和其他服务业	47577	44802	41882	38429
教育	74498	66592	56580	51950
卫生、社会保障和社会福利	80026	71624	63267	57979
文化、体育和娱乐业	79875	72764	64375	59336
公共管理和社会组织	70959	62323	53110	49259

资料来源：国家统计局。

通过上表，我们可以看到行业间的收入差距还是较大。对于即将进入职场的大学生来说，选择一个收入较高的行业或许是其成功实现经济独立的基础条件。但是上表中所示的收入都是行业平均收入水平，具体到个人的职业选择，还要考虑行业内部不同单位不同岗位之间的收入差距。有的行业平均收入不高，但是管理层和员工之间的收入水平可能存在巨大差异，这点在选择行业时亦要考虑。

二、深度了解企业

（一）国有企业

国有企业，指国家对其资本拥有所有权或者控制权，政府的意志和利益决定了国有企业的行为。从大学生就业角度看，国有企业具有以下特点：专业能力在国有企业中有时不易充分施展。合作协调能力在国企单位发挥的空间较大。国有企业具有服从的文化传统，企业创新氛围不浓，薪资水平较稳定，福利较好。

（二）民营企业

民营企业，简称民企，指非公有制企业。除国有独资、国有控股外，其他类型的企业一般属民营企业。

民营企业在用人方面比较重视员工能否帮助企业发展。业务能力、研发能力、管理能力等是企业看重的。民营企业文化因领导者管理风格不同而不同。民营企业的薪酬、差异较大。不同的民营企业在薪酬待遇上差异较大，同一个企业不同部门职位，薪酬待遇也有较大差异。

（三）外资企业

外资企业的外方投资者可以是外国的企业、其他经济组织和个人。外资企业依中国法律在中国境内设立，因此不同于外国企业和其他经济组织在中国境内设立的分支机构。

外资企业在用人上一般以人为本，尊重员工，绩效考核，重视专业能力，薪酬水平较高。

（四）政府与事业单位

政府是国家进行统治和社会管理的机关，是国家表达意志、发布命令和处理事务的机关。广义的政府指行使国家权利的所有机关，包括立法、行政和司法机关；狭义的政府指国家权力的执行机关，即国家行政机关。

事业单位指由政府利用国有资产设立的，从事教育、科技、文化、卫生等活动的社会服务组织。事业单位一般是国家设置的带有一定公益性质的机构，但不属于政府机构。一般情况下国家会对事业单位予以财政补助，分全额拨款事业单位、差额拨款事业单位，还有一种是自主事业单位，国家不拨款。

政府部门和事业单位，工作相对比较稳定，其收入来源是中央或地方财政。当前，公务员和事业单位，仍是许多毕业生的就业首选。

三、深度了解职业

在企业有不同的职能模块，不同企业对这些职能模块的称呼不同。一般来说，企业职能模块可分为 8 个基础职能：销售、市场、研发、生产和服务、客服、财务、人力资源和行政。①

（一）销售

销售是企业的经济命脉，是营销组织架构的重要组成部分。销售业绩的好坏直接影响企业的生存发展。销售需要围绕企业的销售目标展开工作，以销售数据说话。销售需要较强的沟通能力、应变能力、抗压能力和业务开拓能力。

（二）市场

市场是营销组织架构的另外一个部分，如果说销售是拉近产品与消费者之间物理距离的话，市场则负责拉近产品和消费者之间的心理距离。市场可以细分为产品市场，负责新产品的开发战略；市场开发，负责现有产品的定位与市场推广战略，包括价格定位和价格策略；市场宣传，负责产品的具体活动，例如广告、促销、活动、产品介绍等，通过这些手段不断激发市场需求。市场需要较强的沟通能力和策划能力。

---

① 李春雨，林林. 传媒类专业大学生生涯规划指导［M］. 成都：电子科技大学出版社，2015：132.

（三）研发

研发目的是为了满足客户不断变化的需求，通过产品给企业带来收益和利润，使企业保持竞争优势。在一些制造类型的企业里可能没有产品研发职能，而会有一些工艺研发。产品研发需要较强的专业能力，想进入这个领域需要有深厚的专业功底。

（四）生产与服务

制造型企业以产品生产为主，主要职能是组织生产、降低消耗、提高生产率，按时保质为客户提供所需的产品。对于服务型企业来说是以服务为主，主要职责是服务客户满足其需求。生产和服务需要具备一定的专业能力，对执行力、组织协调能力要求高。

（五）客服

客服的职能是按照要求为客户提供服务，分售前、售中和售后服务三种类型。从广义上说，任何能提高客户满意度的内容都属于客户服务的范围。在专门提供服务的企业中，客服和服务往往是同一个职位。客服需要具备较强的人际交往能力和沟通能力，同时需要有较强的应变能力和关系协调能力。

（六）财务

财务职能的目标是使得企业利润最大化、管理收益最大化、企业财务最大化。财务部的职能是资本的融通、现金的运营和资本运作。会计相关专业和金融专业毕业生都可以选择进入财务领域。财务需要有较强的专业能力、思考能力和判断鉴别能力。

（七）人力资源

人力资源的职责是对企业中各类人员进行管理。人力资源管理分为六个模块，包括战略、绩效、薪酬、招聘、培训以及员工关系。对职场新人来说，一般都是从一个版块开始做起，然后通过岗位轮换逐渐扩展到其他版块，从而获得职业的综合发展。人力资源需要较强的亲和力、综合处理事务的能力和风险防范能力。

（八）行政

企业行政管理广义上包括行政事务管理、办公事务管理、人力资源管理、财产会计管理四个方面；狭义上指以行政部为主，负责行政事务和办公事务。包括相关制度的制定和执行推动、日常办公事务管理、办公物品管理、文书资料管理、会议管理、涉外事务管理；此外，还涉及出差、财产设备、生活福利、车辆、安全卫生等。行政工作的最终目标是通过各种规章制度和人为努力使部门之间或者关系企业之间形成密切配合的关系，使整个企业在运作过程中成为一个高速且稳定运转的整体；用合理的成本换来员工最高的工作积极性，提高工作效率完成企业目标发展任务。行政需要具备较强的组织能力、管理能力、人际和事务处理能力。

第五节　职业选择与专业学习

如果说，职业理想和就业目标是目的地，那么学（专）业选择就是路线工具。我们知道不同的职业需要不同的知识、技能等条件，而不同的知识和技能则是学（专）业的主要内容。从经济和效率的角度看，我们所选择的学（专）业应该是职业目标所需要的知识和技能。

然而从学（专）业与职业的相关性来讲，两者并非是一一对应的关系，而是呈现出一对一、一对多、多对多等复杂关系。如烹饪专业毕业生最合适的职业目标是成为一名厨师。但是有些专业其职业方向比较宽泛，如建筑专业毕业生可以从事室内设计、建筑设计、建筑模型师、建筑渲染师、效果图后期表现师等多种职业；而对于某一职业如模型师，可以接收建筑表现、影视动画、影视后期等多种专业。为此，我们在做学业规划的时候，就要研究和分析专业与职业的相关性。是一对一，还是一对多，或是多对一？下面我们来具体讨论三种情况的专业选择。

（一）一对一

这种情况最为简单。一个专业方向对应一个职业目标，这类专业常开设于中职类学校或高职学院。培养目标单一明确，职业技术含量比较高，属于学业规划中比较主动的一种态势。我们可以先定目标，后选路线，是在各种路线中求学成本最低的一条。这类专业和职业适合于专业技术人员。

（二）一对多

这类专业多半开设于普通高校，常说的宽口径、厚基础就是指这类专业。对应的职业目标多，从从业者的人格特征来看，往往对应两种以上甚至六种人格类型。

在确定专业方向后，还要确定适合于自身发展的职业目标。要注意的是确定职业目标时，一定要根据具体职业目标的标准要求，有针对性地学习和开发必要的知识和技能。

以影视动画专业为例，假如确定毕业后从事动画制作这一行业，那么你在学习影视动画专业的同时，就要了解整个影视动画制作流程，并针对其中的岗位要求进行学习。如果想成为项目经理，或者是导演，还需要有针对性地开发和学习其他知识和技能，如角色模型，动画造型等。此方式适合在学业规划时先确定专业后确定职业目标的情形。

应该说，先定专业再定职业目标是一种比较被动的职业发展模式。但通过对一对多专业的研究，可以让大学生由被动转为主动。作为大学毕业生，一定要抓住第一份工作机会，或学习深造，或对应专业就业，掌握主动权。

（三）多对一

就是多种专业都可以朝某一种职业发展的情形。这类职业属于管理型人格善长的职业，如导演，项目经理等。这种情形适合先确定职业目标再确定专业方向。和第一种情形类似，大学生做学业规划时比较主动，能够比较好地找到求学成本最低的学业路线。

以上从宏观上论述了专业与职业之间的对应关系。我们在选择专业时要了解具体的专业与职业之间对应关系，如某个专业毕业生能做哪些工作，有什么利弊，职业前景如何？等等。

互动练习　深度了解行业

对一个行业的深入研究，有助于把握整个职业生涯的发展方向，看清职业发展的全貌。通过搜索引擎深度了解一个行业，并填写下表。

（1）先从中间方格开始填写，再填写左上角“最大的三家公司”部分。

（2）按照顺时针方向思考和填写。

（3）最后完成“进入需要做什么准备”部分。

最大的三家公司	有哪些重要职位	哪些城市发展最好
进入需要做什么准备	行业名称是什么	上下游行业有哪些
主要客户是谁	行业增长率	上下游企业有哪些

拓展阅读　传媒类职业发展规划

李春雨，林林．传媒类专业大学生生涯规划指导［M］．成都：电子科技大学出版社，2015.

第四章

职业决策与行动

【本章学习目标】

- ◆ 学会理性决策的方法，科学设立职业生涯目标并落实到行动
- ◆ 了解职业决策的内涵、风险与责任，了解自己的决策风格
- ◆ 学习使用决策工具：计划型决策（Casve 循环）、决策平衡单
- ◆ 学会设立职业生涯目标
- ◆ 学会制定科学的行动发展计划，实现职业生涯目标

【案例导入】

案例一

俄语系大学三年级女生苏秦，最近为毕业去向烦恼。受室友的影响，她也觉得考研不错，又担心自己考不上，即便考上了又怕忍受不了做研究的枯燥。她热衷校内外各种实践活动，觉得自己可能更适合直接工作。但她了解到俄语专业的女生，就业形势不如男生；且大部分都是与销售相关的工作，有的还需国外常驻，她不喜欢。一想到跨专业就业她就很没有信心。自己除了英语四级，就没有其他可以拿得出手的资本了。非常纠结，不知道如何选择。

案例二

翻译学院研二男生林坤英语翻译专业，研究生期间在知名英语教育机构任教。由于表现出色，该机构希望他毕业后能留任。他对英语教育这个领域很感兴趣，也知道自己的性格、兴趣、能力等都非常适合这份工作，但他却犹豫了。受在市外侨办工作的父亲影响，成为一名外交官是他的一个梦想。近两年来，学校陆续有毕业生考入外交部，他内心开始动摇。

案例中两位大学生都碰到了职业决策的问题。决策在我们的生活和学习中无处不在。小到决定去哪儿吃饭，大到选择终身伴侣和职业，不少人都为之所困。很多人不敢轻易做决定，往往是觉得这个不错，那个也想要，迟迟做不了决定；害怕做错了决定会后悔，左右为难，更有甚者，刻意逃避做决定。如何科学客观地做职业决策，是本章所要学习的主要内容。

第一节　职业决策

一、职业决策的内涵

职业决策是决策者结合自身的性格、职业兴趣、价值与能力，在对职业环境充分认识的基础上，仔细考虑各种可供选择的职业前景，进行的职业目标决定，以及为实现目标而制定的最佳个人行动方案。职业决策不仅是制订一个阶段性的目标，而应是一连串的、可贯穿整个职业发展生涯的远景展望。如果职业决策目标缺乏远见，没有后续职业决策支撑点，易使人失去奋斗意志，不利于个人长远发展。因此，要求职业目标是可实现的，并可持续发展。职业决策不是结果，而是一个复杂的认知过程。

二、职业决策中的风险与责任

做决策难，难在“不确定性”，任何决策都有风险。决策可分为：确定型决策、风险型决策与不确定型决策。

1. 确定型决策

即掌握了足够信息，可以确定如何选择，并清楚选择所带来的后果。如驾车到某地，导航建议两条路线，距离相差不大：A 路线拥堵，需 40 分钟；B 路线畅通，只要 20 分钟。在不考虑其他因素的情况下，相信绝大部分人都会选择 B 路线。

2. 风险型决策

即面临多种选择，每种选择的后果尚不能完全确定，但通过已掌握的部分信息，能对可能产生的后果做出预测。

例如大学三年级学生方雨决定考研，正在选择学校，选项有3个。由于对3个大学的录取比例、历年分数线、试题难度等信息不够了解，如果现在在信息不全的情况下冒然做决定，就存在风险。

3. 不确定型决策

即既不清楚做何选择，也不了解选择的结果。如大学三年级学生杜陵每每被问到毕业打算时，总是很迷茫。她既不知道所学专业适合哪些岗位，也不清楚自己是该就业还是报考研究生或选调生。

在我们实际生活和工作中，确定型决策是很少见的，大部分属于风险型决策和不确定型决策。我们之所以要做职业生涯规划，就是要尽可能搜集各种信息，通过理性分析，减少风险。实际上，我们不可能搜集到全部信息。大部分决策都会存在一定的不确定性和风险。作为决策者，我们必须意识到这一点，并勇于承担决策带来的结果。

由于害怕承担风险与责任，很多大学生将选择权交给父母、听天由命或者随波逐流。这样的行为是对自己不负责任的表现。要知道，未来是我们自己的，不是父母、同学朋友的。今天的决定，往往会决定未来的模样。大学生一定要把未来掌握在自己手中。决策尽管不可能完美无缺，但如果不敢于尝试，美好的未来只能存在于想象中。

三、决策模式类型

生活中我们常常面临各种各样的选择，决策不可避免。决策有难易之分，这取决于选择的重要性。选择去哪儿工作就要比选择买哪个笔记本困难得多。一般来说，决策模式可分为以下7种。

1. 冲动型

大部分情况下，这种决策方式是对困难与问题的回避，不愿意花时间和精力应对，希望速战速决。这种决策方式风险大，易后悔。例如一些毕业生希望尽快落实单位，一旦得到就业机会就匆匆签约，缺乏周全思考。如果后续有更好的机会，往往追悔莫及。

2. 依赖型

依赖型决策的人一般来说缺乏主观能动性，常将选择权交给别人。不愿意思考，忽略自身的独特性，容易做出不适合自己的选择。如很多大学生看到别的同学报考研究生，也会盲目的把考研当作自己的目标。

3. 拖延型

拖延型决策的人习惯将问题推迟处理，不愿直面问题。认为船到桥头自然直，问题自然就会解决。例如一些高年级同学被问起毕业打算，由于茫然不知，常常自然回答："不知道，等到毕业再考虑吧。"

4. 痛苦挣扎型

痛苦挣扎型决策的人通常有选择困难。即便搜集了很多信息，也很难拿定主意。例如很多毕业生会被"是跟A公司签还是B公司签"这样的问题所困扰。

5. 宿命型

宿命型决策的人往往缺乏信心，无法承担因选择产生的责任，放弃主导权。例如，一些大学生虽然非常希望加入学生会，但常抱着碰运气的心理，不努力准备参选，而是听从命运安排。

6. 瘫痪型

瘫痪型决策的人由于害怕面对痛苦与承担责任，始终无法集中注意力思考衡量问题并做出决策。该类型与拖延型决策方式有本质区别。拖延型的人不是害怕面对痛苦，只是懒于现在考虑；但瘫痪型决策的人是害怕承受痛苦、责任，情绪易受到影响。例如有的大学生会纠结是按自己的想法找工作，还是顺从父母的意愿去考研。明知道需早做决定，但一思考此事情就很心烦。既想坚持自己的想法又担心失败，所以会感到无助。

7. 计划型

不难发现，我们使用何种决策模式，通常跟我们对“自我”和“环境”的认知程度有关。当我们对“自我”了解越多，对“环境”认识越深的时候，我们就更容易做出决定，同时会更加坚决地去执行这个决定。这种在对“自我”和“环境”有足够认知的基础上进行的决策就是“计划型决策”。

这种决策方式的人非常稳妥。一般喜欢在搜集足够信息基础上，综合考虑做出最终选择。这种方式相对可靠，大大减少了风险。它能帮助大学生确立符合自身实际情况、合理的目标。

互动练习 如何决策

在过往的经历中，曾使用过哪些决策方式？当时的情境如何？

第二节　职业生涯决策术

一、计划型决策（CASVE 循环）

为了减少决策风险，应充分考虑多方面因素，计划型决策是一个不错的决策工具。它由沟通（Communication）—分析（Analysis）——综合（Synthesis）—评估（Evaluation）—执行（Execution）五个步骤组成，英文缩写为“CASVE 循环”（Peterson, Sampson & Reardon, 1991）①，如图 4-1 所示。

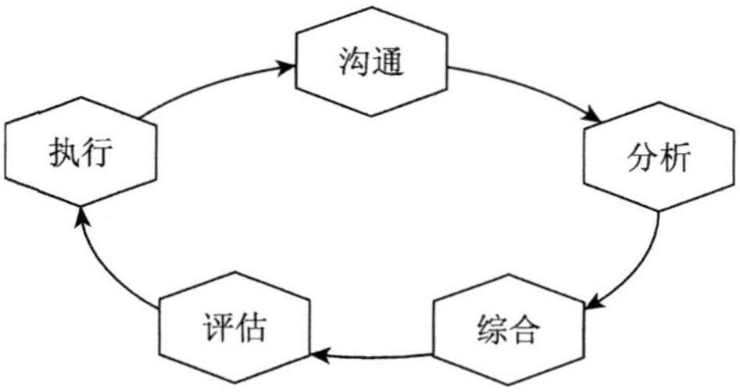

图 4-1　CASVE 循环

1. 沟通

当我们做选择时，就需要搜集相关信息。通常在生活、工作或者学习中，需要改变现状的时候，就会意识到有沟通的需求。沟通是向外界获取信息的手段。例如西班牙语专业的范希希同学，一年级时发现自己并不喜欢西语，确切地说是不太喜欢学语言。在老师

① 钟谷兰，杨开著.《大学生职业生涯发展与规划》［M］. 上海：华东师范大学出版社，2008：101.

和父母的劝导下，她选择坚持学下去。可到了二年级她越发感到无趣和吃力，辅修第二专业的愿望越来越强烈，于是她开始留意其他高校和本校的第二专业招生信息。

2. 分析

分析就是要结合自身实际情况，考虑各种可能性，并确定可能的选择。

经过与外界沟通，大学生可以结合自身的实际情况，对所搜集的信息进行分析，考虑各种可能性，并确定可能的选择。例如：范希希同学了解了校内外各种辅修专业的学习内容、上课时间和就业去向等信息，结合自己职业兴趣与性格特点，以及以后希望从事跟人打交道的职业方向。她确定了几个选项：本校播音主持专业、社会工作专业、对外汉语专业、西南政法大学的法学专业，以及西南大学的应用心理学专业。

3. 综合

综合，即压缩清单。一般我们对未来会有多种设想，为了清晰化未来的职业目标，我们需要压缩目标选项，一般压缩到 3-5 个即可。例如：范希希同学考虑到精力原因，最终决定在本校的 3 个专业中进行选择：播音主持专业、社会工作专业、对外汉语专业。

4. 评估

评估是对选项的排序，并做出最终选择。通过科学的评估，对所有选择进行排序，做出最后的选择。这个选择就是我们要努力达成的目标。决策平衡单可以为我们做决策提供强有力的支持。

5. 执行

执行就是采取行动，落实选择。任何目标的达成，都离不开脚踏实地的行动。不行动，梦想就是空想。所以最终我们还是要落实到行动上来。值得注意的是，CASVE 循环并不仅指向一个结果，它本身是动态平衡的。也就是说，行动中我们可以评估设定的目标是否合理，是否符合当下自身的实际情况；如果不是，我们就要进入新一轮的决策过程。例如范希希同学最后的选择是辅修新闻，她认为新闻专业也许能和西班牙语结合起来。但上了两周课后，她发现这个专业与她想的并不一致，所以决定改为辅修对外汉语专业。

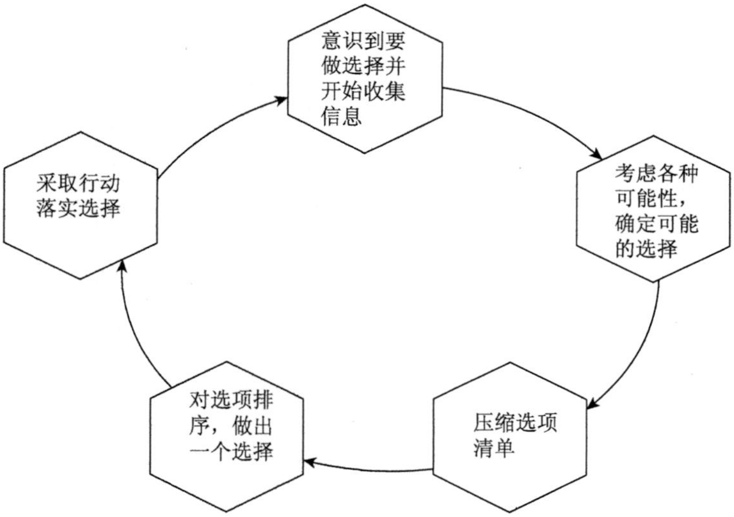

图 4-2　CASVE 循环详解

二、决策平衡单

CASVE 循环中的“评估”环节可以使用决策平衡单（Janis & Mann，1977）来帮助决策者做出最后的选择。它是将重大决策的思考方向集中到四个主题上：自我物质方面得失、自我精神方面得失、他人物质方面得失、他人精神方面得失。四个主题所包含的具体内容参见表 4-1。

表 4-1　生涯决策细目

自我物质方面得失	自我精神方面得失	他人物质方面得失	他人精神方面得失
经济收入 工作的困难程度 升迁的机会 工作环境的安全 工作自由度 休闲时间 生活变化 对健康的影响 就业机会 其他	生活方式的改变 成就感 自我实现的程度 兴趣的满足 挑战性和创新性 社会声望 符合自我道德标准的程度 达成长远生活目标的机会 其他	家庭经济收入 家庭社会地位 与家人相处的时间 家庭的环境 其他（如家庭福利）	父母（想法、心情） 师长（期望、建议） 配偶（幸福感） 孩子（快乐） 朋友（认可） 邻里（满意） 其他

以上四个主题反映了我们的需求，或者说是我们希望从这些选项中获得的价值。决策平衡单将这些价值按其重要程度进行加权，并将其作为评判标准，并逐项对所有选项加权计分，最后按选项总分排序。

思考我们希望从各选项中的获得的价值，参考生涯细目表的同时，还可以利用需求梳理表分析各选项的优势和弊端；结合自身实际情况，从中提取出我们看中的，觉得重要的那些需求，剔除那些可有可无的需求。以西班牙语专业三年级学生范希希同学为例（见表 4-2）。

表 4-2　范希希同学的需求梳理

选项	优势	弊端	需求梳理
考公务员	（1）满意的工作收入、父母经济压力减少 （2）一劳永逸，稳定 （3）轻松、压力小 （4）爸妈开心且支持	（1）工作单一，易感无趣，易倦怠 （2）从事与专业无关工作内容（希望能用到专业，发挥优势）	**重要需求：** 父母经济压力减少 压力小 符合爸妈期望 兴趣满足 使用并发挥专业优势 **不重要需求：** 获得稳定的工作
国内读研	（1）和国内产业发展不会脱节 （2）能学习自己喜欢的专业 （3）较高文凭 （4）专业能力提升 （5）男友的期望（男友决定读研）	（1）课业压力大 （2）没有收入，增加父母经济负担	**重要需求：** 学习喜欢的专业（兴趣满足） 获得较高文凭 专业能力得到提升 符合男友期望 压力小 父母经济压力减少 **不重要需求：** 和国内产业发展不脱节
出国读研	（1）圆一个国外留学的梦 （2）增长见识 （3）能学习自己喜欢的专业 （4）较高文凭 （5）专业能力提升	（1）课业压力大 （2）没有收入 （3）与男友分开 （4）和国内产业发展稍有脱节 （5）增加父母经济负担	**重要需求：** 学习喜欢的专业（兴趣满足） 获得较高文凭 专业能力得到提升 压力小 父母经济压力减少 与男友在一起 **不重要需求：** 圆出国梦、增长见识和国内产业发展不脱节

借助梳理表，范希希同学在各选项中的需求一目了然。将这些需求转换到决策平衡单里，按照决策平衡单的使用方法计算出如下结果，如表 4-3 所示。

表 4-3　范希希同学的决策平衡单

考虑因素	加权值 1-5 倍	考公务员		国内读研		出国读研	
		加权分数 (+)	加权分数 (-)	加权分数 (+)	加权分数 (-)	加权分数 (+)	加权分数 (-)
自我物质方面得失:							
(1) 获得较高文凭	3		-15	15		15	
(2) 专业能力提升	3		-9	9		15	
(3) 与男友在一起	5	20		25			-25
自我精神方面得失							
(1) 压力小	3	15			-9		-12
(2) 兴趣满足	3		-15	15		15	
(3) 使用并发挥专业优势	3		-9	15		15	
他人物质方面得失							
父母经济压力减少	4	20			-16		-25
他人精神方面得失							
(1) 符合父母期望	5	25		20		15	
(2) 符合男友期望	5	5		25			-20
总分		37		99		-7	

生涯决策平衡单的使用方法①

1. 将各种生涯选择水平排列在决策平衡单的顶部。

2. 在平衡单的左侧，垂直列出你在“自我物质方面的得失”“他人物质方面的得失”“自我精神方面的得失”“他人精神方面的得失”四个方面的重要价值观和考虑因素。

3. 给各种价值观和因素按 1-5 倍等级分配权重。一项价值观或因素的重要性越大，它的权重就越高。5 为最高权重，表示“非常

① 钟谷兰，杨开．大学生职业生涯发展与规划［M］．上海：华东师范大学出版社，2008：104.

重要”；3代表“一般”，而1代表“最不重要”。对自我需求和价值观的准确了解，是给价值观和考虑因素指定权重的前提。

4. 按照各项生涯选择满足个体价值观和考虑因素的程度，进行打分。分值在-5到+5之间，其中“+5”表示“价值观和考虑因素在该生涯选择中得到了完全的满足”，“0”表示“不知道或无法确定”，而“-5”表示“价值观和考虑因素完全未能得到满足”。

5. 将各项生涯选择的得分与各项价值观和考虑因素的权重相乘进行计分，将结果记录在相应的空格内。

6. 将每一选择下所有的正负积分相加，得出总分。对所有总分进行比较和排序。

通过计算得到各种选项的分值，我们会参考得分最高的选项。但在实际职业生涯规划中，很多来访者看到结果后还是会犹豫。为此，我们还可以进一步分析在低分选项上被满足而在高分选项上不被满足的那些需求，能否在高分选项上得到不同程度的满足。如果可以，就能帮助我们更加确定高分选项的选择。例如表4-3中，范希希的“父母经济压力减少”这个需求在“考公务员”选项是正分，在“国内读研”选项上却是负分。据此我们可以深入分析，范希希在国内读研期间，是否有机会兼职或参与导师的项目，或通过实习来获得收入，减少家庭经济负担。

决策平衡单带给我们的不仅仅是结果，更重要的是经过仔细思考，反复推敲，我们可以从中更清晰地感知各选项的价值及其重要性。虽然这种决策方式需要我们投入较多的时间和精力，但这种方法有助于我们理清思路，做出适合自己的决策。

互动练习 运用决策平衡单做决策

以某个需要做选择的场景，或正要做某种决策为例，使用决策平衡单做决策。

考虑因素	加权值 1-5倍	选项一		选项二		选项三	
		加权分数 (+)	加权分数 (-)	加权分数 (+)	加权分数 (-)	加权分数 (+)	加权分数 (-)
自我物质方面得失							
自我精神方面得失							
他人物质方面得失							
他人精神方面得失							
总分							

第三节 确定职业生涯目标

一、目标的重要性

人生如果没有目标，如同黑夜中迷失在大海的航船，随波逐流，找不到彼岸。有了正确的目标，才有奋斗前进的方向。

很多伟人，年轻时就为自己确立了远大的奋斗目标。毛泽东在青年时就把解放劳苦大众当作毕生的责任，周恩来在学生时代就树立“为中华之崛起而读书”的伟大志向。正是人生目标的确立，使他们产生了无穷的力量，不断奋斗，克服万难，直至目标达到。百度创始人李彦宏也是一个目标明确的人。1988 年，李彦宏的三姐出国深造，深受姐姐影响的他很快就将出国深造作为努力的目标。这条路走起来并不容易，虽然他当年托福考了 600 多分，但由于很多美国大学没有开设图书馆情报学专业，直到 1991 年，李彦宏才拿到了一个学校的录取通知书。可是签证官认为李彦宏有移民倾向拒签了。但他并没有放弃，一直在努力。功夫不负有人心，终于于 1991 年秋天，李彦宏收到了布法罗纽约州立大学计算机专业的录取通知书。

目标是我们前进的动力，它让人生的每一次努力与付出更加有意义。一个人有了清晰的人生目标，便会更加积极主动，奋发向上。

二、设立目标

设立目标一定要遵循科学原则——SMART 原则。

1. Specific：具体、清晰

目标务必清晰，要用明确具体的语言表达。例如下表：

目标变身前	目标变身后
我要好好学习	我一周要看完 50 页参考资料，每天看 8 页

2. Measurable：可度量

目标需要一个衡量标准，以此判断目标是否达到。例如下表：

目标变身前	目标变身后
提升沟通能力	7 天之内要主动与班里所有同学聊天至少 5 分钟

3. Achievable but Challenging：可达到但有挑战性

目标设立不能超过人实现的能力范围，所以目标必须是可以实现的。同时目标又不能太容易实现，需费些心思，花些力气才能实现。实现有挑战性的目标，会从中获得成就感，与想要征服下一个目标的斗志与动力。例如下表：

目标变身前	目标变身后
一小时内要记住 100 个单词	一小时内要记住 20 个单词

4. Rewarding：有价值、有意义

任何目标都需体现价值和意义，可以是服务于某个大目标，也可以是对当下来说很重要的。例如，一名大四同学通过 CET-6 才能有资格申请某岗位。对这位同学来说，本学期通过 CET-6 这个目标就是有价值和意义的。

5. Time-bounded：有明确时间限制

目标需要规定时限，这能提高效率。没有时间限制的目标就容易被一拖再拖，甚至不了了之。例如下表：

目标变身前	目标变身后
我要好好完成暑假作业	（1）7. 20-7. 30，完成 10 课课后翻译作业 （2）8. 1-8. 5，完成 10 篇阅读理解 ……

第四节　职业生涯目标的实现

有时候我们希望实现的目标过于复杂、长远，不能一下子实现；需要我们学会分解目标，让它变得简单清晰，容易实现。目标分解是将目标具体化、清晰化的过程。

一、职业生涯目标的分解

一般来说，目标可按时间维度和性质维度进行分解。

1. 按时间分解

可分为长期目标、中期目标、短期目标、近期目标。短期与近期目标又可分年目标、月目标、周目标等。对于大学生来说，可按学年、月、周分解目标。

2. 按性质分解

（1）外职业生涯目标：包括工作内容、工作单位、工作地点、工作环境和薪资目标等。通常，外职业生涯目标不可控。在职业生涯初期，由于职业能力有待提高，外职业生涯目标往往不容易被满足，使得一些刚毕业的大学生易产生挫折感。

（2）内职业生涯目标：包括知识技能、可迁移技能、自我管理技能、心理素质、内心感受和观念目标等。内职业生涯目标需要靠自身的努力才能实现，对我们来说是可控的，可以通过自身努力推动内职业生涯的发展。只有内职业生涯目标达到了，外职业生涯目标才有可能会实现。所以大学生应努力实现自身内职业生涯目标。

拓展阅读 山田本一的智慧

山田本一，1984年东京国际马拉松邀请赛、1986年意大利国际马拉松邀请赛冠军获得者。他总是说自己凭智慧战胜了对手。后来，他在自传中揭秘了自己成功的原因：每次比赛之前，我都要乘车把比赛的线路仔细地看一遍，并把沿途比较醒目的标志画下来。如第一个标志是银行，第二个标志是一棵大树，第三个标志是一座红房子……这样一直画到赛程的终点。比赛开始后，我就以百米的速度奋力地向第一个目标冲去，等到达第一个目标后，我又以同样的速度向第二个目标冲去。40多公里的赛程，被我分解成几个小目标。起初，我并不懂这样的道理。我把我的目标定在40多公里外终点线上的那面旗帜上，结果我跑到十几公里时就疲惫不堪了，我被前面那段遥远的路程给吓倒了。

山田本一确实是一个非常有智慧的人，他将一个大目标分解成了多个难度小可实现的小目标；每实现一个，就会体验到成就感，感受到离目标更进一步的喜悦。正是这样的“感觉”使他充分激发了自己的潜力。现实中，我们有些时候之所以半途而废，往往不是因为难度大，而是觉得目标离我们很远。确切地说，是因为我们过于着眼于遥远的目标，而让我们很容易放弃了。

心理学家认为：当人们的行动有了明确目标，并能把自己的行动与目标不断地加以对照，进而清楚地知道行进速度及与目标之间的距离，人们行动的动机就会得到维持和加强；就会自觉地克服一切困难，努力达成目标。

二、制定职业生涯行动发展计划

对大学生来说，职业生涯行动发展计划可结合以下两个维度进行分解：时间维度+性质维度。下面以俄语系一年级新生王浩的职业生涯行动发展计划为例。

王浩，男，2017年9月进入四川外国语大学俄语系学习。该生在了解了俄语专业就业情况后，结合自己兴趣、能力、性格与职业价值，决定在大学毕业后谋求视频监控方面海外销售类职位。

（一）学年行动发展计划

1. 大学一年级目标

（1）通过CET-4。

（2）通过国家计算机二级考试。

（3）至少取得二等奖学金。

（4）加入校学生会外联部，成为一名外联部干事。在执行各项任务中锻炼沟通能力、提高团队意识，养成耐心细致，灵活应变的工作作风。并完成一定的目标任务，如独立联系活动赞助5000元，获得新闻中心优秀干事称号等。大学一年级，参与校学生会外联部换届选举，竞选外联部部长。

（5）寒假至少学习10天，暑假至少学习20天。

（6）结识从事视频监控类工作的学长或学姐。做生涯人物访谈，获取行业信息，了解该行业海外销售人员工作内容及应具备的基本素质。

（7）全方位搜集信息，锁定3-7家国内视频监控行业企业。暑假争取能成功申请到某个企业实习；如果不成功，参与其他销售相关工作至少15天。在实践中锻炼沟通与说服他人的能力，熟悉工作内容。与实习单位建立良好关系，争取长期合作。

(8) 积极参加校内及系内各项活动，锻炼各方面能力。

(9) 通过活动结交其他院系的同学，建立人脉网络。

(10) 大学一年级下学期暑假参加校俄语中心夏令营，去莫斯科大学学习1个月。

2. 大学二年级目标

(1) 认真努力备考全国俄语专业四级考试，争取拿到良好以上等级。

(2) 通过TEM-4和CET-6。

(3) 至少获得二等奖学金。

(4) 积极参加系内举办的各项活动，如配音大赛、诗歌朗诵大赛等，锻炼俄语口语能力。

(5) 寒假至少学习10天，暑假至少学习20天。

(6) 利用寒、暑假争取到视频监控行业内企业实习，进一步锻炼能力。

(7) 至少参加1次志愿服务活动。

(8) 结识几位俄罗斯留学生，主动给予对方帮助，锻炼俄语口语，为出国学习做准备。

(9) 如果竞选外联部部长成功，则努力积累管理团队的经验。

3. 大学三年级目标

(1) 争取公费出国名额或自费出国到俄罗斯留学。

(2) 留学期间竞选中国班班长，锻炼领导能力，做好与校方的桥梁工作。积极参加国外学校举办的各种文化活动与竞赛，提高俄语口语水平。

(3) 国外至少做一次兼职与实习。

(4) 结识至少三位从事俄语销售相关工作的学长学姐，了解行业现状。

(5) 完成简历的制作，演练面试环节，做好求职准备。

4. 大学四年级目标

(1) 拿到一家朝阳行业内企业的海外销售职位。

(2) 完成毕业论文，并顺利通过答辩。

(3) 评上优秀毕业生。

(4) 通过全国俄语专业八级考试。

(5) 完成毕业实习。

(6) 不放松学习，通过各科考试，顺利拿到两证（毕业证、学位证）。

（二）月目标与周目标（第一学年上学期 11 月、11 月第 1 周）

为了督促自己完成计划，激励自己，王浩使用“月计划完成表”与“周计划完成表”来监督目标达成情况。

表 4-4 月计划

11 月目标	完成情况
(1) 为 CET-4 考试做准备	√
(2) 为计算机二级（考试做准备）	√
(3) 复习与预习	√
(4) 配合部长，完成与三个公司的外联合作	√
(5) 参加俄语配音大赛与学习经验交流会	√
(6) 本月内主动认识 10 个新朋友	√
(7) 撰写外联部团队素质拓展策划	√

表 4-5 周计划

11 月第一周目标	完成情况
(1) 周一、周三晚上、周日下午和晚上准备 CET-4 考试，完成《星火英语四级词汇》第 69-99 页的单词记忆、一套真题的模拟与分析总结	√

续表

11 月第一周目标	完成情况
（2）周二晚上上机操作 2 小时，周五下午理论 1 小时	√
（3）周四中午花 1 小时预习第三课新单词和课文内容	√
（4）每天管理利用碎片化时间，晚上 10 点前完成作业，10-11 点用来复习当天所学	√
（5）周六白天与部长外出谈合作，晚上跑步 40 分钟	√
（6）周四晚参加学习经验交流会，认识嘉宾学姐，交换联系方式	√
（7）周五晚构思素质拓展策划	√
（8）利用自习和参加活动主动认识 3 个人	√
（9）周一到周三中午和同学练习配音 40 分钟	√

互动练习一 运用决策平衡单做决策

思考曾经遇到过的某个需要做选择的场景，或者正在经历某种决策，并使用决策平衡单做决策。

互动练习二 目标大变身

请将左边的目标，用 SMART 原则修改，并填写到右边的空格里。

目标变身前	目标变身后
我要加强社会实践	
我要好好利用时间	
我要争取拿奖学金	
我要锻炼身体	

互动练习三　制定月目标和周目标

（1）本学期期末希望达成什么样的目标？

___

（2）要达到这一目标，需要完成哪些事情？

___

（3）这些事情计划在什么时候完成？

___

___

（4）为了完成某个目标，需要做些什么？

___

___

（5）根据以上自我分析，请设立你在本月内的月目标与接下来第一周的周目标。

___

___

第五章

职业生涯规划的评估与修正

【本章学习目标】

- ◆ 了解职业生涯规划评估的要点
- ◆ 了解职业生涯规划修正的目的与内容
- ◆ 掌握职业生涯规划的评估与修正方法

【案例导入】

小魏是某高校日语系的一名女生，她在大学二年级时因为参加全校职业生涯规划大赛时，为自己制定了一份堪称完美的职业生涯规划，且获得了全校二等奖。她的职业生涯规划在大学四年级下学期之前一直都执行得很好。大学三年级下学期她顺利争取到去日本的留学机会，在日本她靠打工兼职锻炼了自己。如果一切按照规划进行的话，她准备在大学四年级下学期考取日本的研究生。但最近她有一个烦恼：万一没能如愿考上日本的研究生，临近毕业的她又该如何选择？

由于不确定因素的存在，原来制订的职业生涯目标难免与现实情形有所偏差，这就要求我们不断反省并对规划目标和行动方案做出修正或调整，从而保证目标理想最终实现。从这个意义上说，评估调整就是一个再认识、再发现的过程。我们要留意内外环境的变化，不断审视自我、调整自我，不断修正策略和目标，这个过程就是反馈评估。它可以确保个人职业生涯规划的有效性。

第一节 职业生涯规划的评估

一、导致目标结果偏差的原因

目标和结果出现偏差的原因主要有以下几种：

（1）目标定得过高或者过低。

（2）目标虽合适但行动方案与之不匹配。

（3）执行不力。

二、职业生涯规划评估的要点

1. 抓住主要内容

在职业生涯的某一阶段，总有一个最重要的目标，其他目标都是围绕这个核心目标的。我们可以通过优先排序，重点评估那些可能达到核心目标策略的执行效果。

2. 发现最新要求

针对变化了的内外环境，要善于发现最新的趋势和影响。对于新的变化和需求，要及时总结调整，拿出最有效且有新意的规划方案。

3. 找到突破点

有时候，某一点上的突破性进展会对整个局面发生意想不到的影响。要深入思考，先前职业生涯规划执行效果为何不理想？哪个因素对于目标的达成有突破性影响？如何寻求新的突破？

4. 关注弱项

管理学中有个著名的木桶理论，即一个沿口不齐的木桶，其容量的大小，不取决于最长的那块木板，而取决于最短的那块木板。在反馈评估过程中，我们在肯定成绩与长处的同时，更要依据变化的环境，看到自身素质与策略的“短板”，想办法修正。唯有如此，我们的职业生涯这个“桶”才能有更大的容量。一般来说，大学生职业发展短板主要有：观念、知识、能力及心理素质方面的差距。

第二节　大学生职业生涯规划的修正

一、评估职业生涯规划实施方案的目的

通过评估，可以让我们了解以下各方面的情况：

（1）了解自己的优势和强项。

（2）确立发展方向，寻找发展机会。

（3）弥补不足，补短板，促成长。

（4）制定发展行动计划。

（5）实施行动计划，并确保取得成效。

二、职业生涯规划修正的内容

具体包括：一是职业的重新选择。当我们迟迟达不到预先设定的职业发展目标，那么就有必要根据现实情况重新选择职业生涯目标；如果我们无法适应或胜任先前设定的职业生涯目标，学习、工作长期没有进展，精神压抑、生活不愉快，我们亦应考虑修正和调整职业生涯规划；或者我们职业生涯规划给家庭生活造成诸多不便，导致家人激烈反对，我们或许也应考虑修正和调整职业生涯规划。

二是职业生涯路线的选择。当周围出现更适合自身发展的职业机会或选择，我们也可以改变原定规划，尝试调整职业发展方向。三是阶段目标的修正。四是人生目标的修正。五是实施措施与计划变更等。

互动练习　“小魏请你来帮忙”

小魏为自己的职业生涯规划制定了以下评估修正方案。

风险1：现阶段找不到公关方向的实习机会

应对方案：沉着冷静，争取与公关相邻行业的实习机会，例如互联网新媒体，门槛相对低，且与公关业务有交叉，可以培养相应能力。

风险2：考研失败

应对方案：先就业积累实战经验未尝不是个好选择，再深造学习。

风险3：经常处于高压之下，生活空间被挤压

应对方案：寻找恰当的情绪发泄方法，冷静思考，做出合理规划，按计划进行。工作虽很重要，但要平衡好事业和生活两者关系，做真正的人生赢家。

风险4：年龄渐长

应对方案：公关业并非是吃青春饭的行当。资历越深，人脉才能越广。要调整心态，只有不断学习，勇于接受新鲜事物，保持好奇心，才能不被时代抛弃。

思考：以上是小魏对职业生涯目标的风险评估及修正方案，你觉得小魏的自我评估及修正方案合理吗？有何补充？

三、评估和修正过程中应思考的问题

（1）人生价值是什么？

（2）有哪些技能和条件？

（3）最感兴趣的事情是什么？

（4）人格特质是什么？

（5）是否好高骛远？

（6）建立了自己的就业信息网络了吗？

拓展阅读 木桶定律及其应用[①]

一只木桶能盛多少水，并不取决于最长的那块木板，而是取决于最短的那块木板即短板效应。

一个企业要成为一个结实耐用的木桶，首先要想方设法提高所有木板的长度。只有让所有的木板都维持足够高度，才能体现团队精神，发挥团队作用。在这个充满竞争的年代，越来越多的管理者意识到，只要有一个“短板”员工，就足以影响整个组织预期目标的实现。要提高每一个员工的竞争力，将大家的力量有效地凝聚起来，最好的办法就是对员工进行教育和培训。企业培训是一项有意义而又实实在在的工作，许多著名企业都非常重视对员工的培训。

根据IDC公司预计，在美国，2005年企业花在职工培训方面的费用总额达到114亿美元。而被誉为美国“最佳管理者”的GE公司总裁麦克尼尔宣称，GE每年的员工培训费用达5亿美元，

① 引自百度百科（https：//baike. baidu. com）。

并且将成倍增长。惠普公司内部有一项关于管理规范的教育项目，仅仅这一个培训项目，研究经费每年就高达数百万美元。他们不仅研究教育内容，而且还研究哪一种教育方式更易于被人们所接受。

员工培训实质上是通过培训来增大一个个“木桶”的容量，增强企业的总体实力。要提升企业的整体绩效，除了对所有员工进行培训外，更要注重对“短木板”——非明星员工的开发。

实际工作中，管理者往往注重对“明星员工”的培养，而忽视对一般员工的激励和开发。如果企业将过多的精力关注于“明星员工”，忽略占多数的一般员工，会打击团队士气，从而使“明星员工”的才能与团队合作两者间失去平衡。实践证明，超级明星很难服从团队的决定。明星之所以是明星，是因为他们觉得自己和其他人的起点不同，他们需要的是不断提高标准，挑战自己。虽然“明星员工”的光芒很容易看见，但占绝大多数的非明星员工更需要鼓励。三个臭皮匠，顶个诸葛亮。对“非明星员工”激励效果可能大大胜过对“明星员工”的激励。

一位华讯公司员工，由于与主管的关系不太好，一些想法不能被肯定，从而忧心忡忡、兴致不高。刚巧，摩托罗拉公司需要从华讯借调一名技术人员去协助他们搞市场服务。于是，华讯的总经理在经过深思熟虑后，决定派这位员工前往。这位员工很高兴，觉得是一个施展拳脚的机会。去之前，总经理只对那位员工简单交待了几句：“出去工作，既代表公司，也代表我们个人。怎样做，不用我教。如果觉得顶不住了，打个电话回来。”

一个月后，摩托罗拉公司打来电话："你派出的兵还真棒！""我还有更好的呢！"华讯的总经理着实松了一口气。这位员工回来后，部门主管也对他另眼相看，他自己也更加自信了。后来，这位员工对华讯的发展做出了不小的贡献。

这个例子表明，注意对"短木板"的激励，可以使"短木板"慢慢变长，从而提高企业的总体实力。人力资源管理不能局限于个体的能力和水平，应把所有人融合到团队里，科学配置，好钢用在刀刃上。木板的高低与否有时候不是个人问题，而是组织的问题。

在家电市场，百家争雄，海尔却一步一个脚印地跑在最前列。为什么？海尔的资本不比别人厚，引进的国际人才也不比别人多，人才素质不比别人高……一句话，海尔的"高木板"并不多，但海尔是一个好的团队，其整体绩效不比任何"高木板"差。

所以，在提升木桶盛水能力的过程中，不能够把"高木板"和"低木板"简单地对立起来。每个人都有自己的"高木板"，与其不分青红皂白地赶其出局，不如发挥他的长处，把他放在适合的位置上。

参考资料及链接：

[1] 文稿网：https：//max. book118. com.

[2] 周瑜弘. 试谈大学生职业生涯规划的反馈修正与调整[J]. 现代农业科学，2008，15（6）.

[3]《大学生职业生涯与发展规划教程》，清华大学就业指导中心与人生启航创作工作室，2000 年版，第五章.

第六章

大学毕业生就业形势与政策分析

【本章学习目标】

- ◆ 帮助大学生认识当前就业现状与严峻形势
- ◆ 如何应对复杂的就业形势
- ◆ 具体就业政策解析

【案例导入】

4月末，2018年应届毕业生招聘渐入尾声，比起大型招聘会，校级双选会显得小了一些。即使这样，接踵而至的高校毕业生依然都带着背水一战的决心来了。不论男生还是女生，显然都经过了一番精心打扮，以使自己更加干练、更富职场气质。在与招聘方的礼貌交谈之中，可以感知毕业生们都有着相似的复杂情感：期待中掺杂着焦虑，急切中表现出倦怠。

根据某高校2017年就业白皮书显示，该校毕业生择业时最为看重的5个因素分别是福利待遇、行业发展前景、单位所在区域、个人兴趣和用人单位文化。毕业生获取就业信息最主要的三个渠道是学校就业网、互联网和学校就业部门的官方微信公众号，而学校就业网是学生最主要的就业信息获取渠道。根据用人单位的反馈，用人单位在筛选简历时，最看重的三个因素分别是社会实践经历、专业水平、外语和计算机水平；用人单位在面试过程中，最关注的是学生的表达能力、应变能力和道德品质；用人单位最后录用毕业生时，最看重的三个因素又变成了思想品德、沟通能力和抗压应变思考能力。用人单位招聘毕业生的主要途径是通过校园招聘会、宣讲会。很多用人单位认为高校应当加强对毕业生职场适应能力、敬业精神和团队协作能力的培养；同时希望加大毕业生职业综合素质教育的力度，引导、督促学生有计划、有目的、有行动地进行职业生涯探索。

第一节　近年来我国大学毕业生就业形势

一、全国就业形势

（一）就业形势严峻

根据麦可思数据（北京）有限公司历年发布的《中国大学生就业报告》显示，2004—2017 年全国普通高校毕业生人数分别是：2004 年 280 万人，2005 年 338 万人，2006 年 413 万人，2007 年 495 万人，2008 年 559 万人，2009 年 611 万人，2010 年 631 万人，2011 年 660 万人，2012 年 680 万人，2013 年 699 万人，2014 年 727 万人，2015 年 749 万人，2016 年 765 万人，2017 年 795 万人。根据教育部发布的最新信息，2018 年高校毕业生人数达到 820 万，高校毕业生人数再创历史新高，堪称史上更难就业季。可以说没有“最难就业季”，只有“更难就业季”。

根据人社部的毕业生数据统计资料，如果加上中职毕业生和过去几年尚未就业的学生数量，2017 年待就业人数超过了 1500 万。同时，2017 年研究生入学考试报考人数达到 177 万，以 7%增长率终结持续两年的报考颓势。最近的一份调查显示，56%参加研究生招生考试考生的出发点是为了“更好的工作”。值得注意的是，今年考研大军中往届毕业生占了足足四成。经济下行压力增大背景下，压力正逐步向考研和就业方向传导。

近几年来，全国高校毕业生人数逐年增加，加上往年沉淀下来的毕业生，大学生总体就业形势一年比一年严峻。虽然这几年全国高校毕业生就业率基本持平，但由于毕业生人数逐年增加，绝对就业人数在增加。可以预见，在未来相当长时期内大学生就业压力不会减小。

（二）“慢就业”渐成时尚

现在在一些招聘会现场出现一种奇怪现象，招人的企业比毕业生着急，学校老师忙前忙后，毕业生反而淡定从容。近两年，大学生“慢就业”现象浮现。一方面是迫切用人的单位招不到适合的人才；另一方面是大学毕业生择业难，部分毕业生选择“慢就业”。

根据麦克思的统计数据，2017 年，有 40.8%应届毕业生认为就业很难、就业形势严峻，同比上升了 4.3%。在较大的就业压力下，很多毕业生选择了延迟就业，据调查选择“慢就业”的应届生比例高达 9.8%。越来越多的“95 后”毕业生走出校园，他们对就业的选择更加多元化，更加注重工作与兴趣的结合。有专家学者认为，这反映了毕业生一方面感知到就业形势的严峻性；另一方面又不愿屈就，因此用“慢就业”来规避现实的竞争。这种“就业不难择业难”的慢就业状态反映了大学生职业生涯规划意识和教育的缺失。

二、共同应对毕业生就业难

（一）国家层面

2017 年 12 月 6 日，2018 届全国普通高校毕业生就业创业工作网络视频会议在北京召开，会议强调，要深入学习贯彻党的十九大精神，以习近平新时代中国特色社会主义思想为指导，按照教育部党组写好教育“奋进之笔”的要求，以钉钉子精神落实好各项重点任务，促进高校毕业生多渠道就业创业，努力实现更高质量和更充分就业。高校毕业生就业事关广大学生及其家庭切身利益，事关社会主义现代化建设，事关社会和谐稳定。面对复杂的就业形势，要切实抓好五项工作。

一要唱响基层就业“主旋律”。落实立德树人根本任务，积极引导毕业生到基层一线就业创业。认真落实基层就业学费补偿代偿等政策，继续组织实施“教师特岗计划”等中央基层项目。推动毕业生服务乡村振兴战略。

二要服务国家需求“大舞台”，引导大学生投身军营报效祖国。主动向重点地区、重大工程、重大项目、重要领域输送毕业生；引导毕业生到高技术产业、战略性新兴产业、先进制造业和现代服务业等新兴领域就业创业；鼓励毕业生到国际组织实习任职。

三要汇聚创新创业“新动能”。深入推进创新创业教育改革，把创新创业教育贯穿人才培养全过程。

四要下好统筹联动“一盘棋”，建立健全高校区域布局、学科专业、层次类型动态调整机制，统筹推进各类型层次的人才培养模式改革，运用好社会资源开展协同育人。

五要打造服务保障“新格局”，广泛应用“互联网+就业”新模式，开展精准就业对接，加强困难群体帮扶。

同时，要严格落实就业签约“四不准”“三严禁”要求，坚决反对任何形式的就业歧视，严密防范“培训贷”、求职陷阱、传销等不法行为，切实维护毕业生合法权益。

（二）学校层面

1. 努力提高办学水平

高校应转变观念，把握教育国际化潮流，加强世界高教领域的交流与合作，全面提高办学水平。高校应树立正确的教育目标，用心培养大学生综合素质，培养不断追求真理、追求科学精神，拥有正确就业观念的当代大学生。

2. 不断进行教育改革

高校务必以市场为导向，紧密联系经济社会发展的实际情况，加快调整高校专业结构，合理配置教育资源，以培养适销对路的人才。现有科类结构与我国经济结构调整、产业结构升级和社会发展的要求还不能完全相适应，高校需要适时调整。高等教育大众化后，需要协调高校招生数量与质量的关系，保证教育质量和水平。

3. 建立完善大学生就业服务体系

高校要尽快建立和完善集教育、管理、指导和服务等功能于一体的毕业生就业指导和服务体系。建立以服务为主的高校毕业生就业工作机构，并独立开展工作。建立健全为毕业生和用人单位提供信息、咨询、指导、培训服务等全方位、多层次、立体式综合性服务体制，帮助大学生确立正确的职业理想和择业观，掌握竞争技巧，为参与人才市场的竞争创造有利条件。各高校就业创业工作紧随中央及地方政策，结合学校建设和人才培养及人才输出需要，研判新形势，把握市场对人才最新需求；加强与用人单位联系，带领导师团队深入企业走访，实现“招生服务教学、教学促进就业、就业反馈招生”的一体化良性互动循环体系。

（三）个人层面

1. 努力提升自身的综合素质

当代大学生要把个人前途与国家发展、社会进步及人类的文明提升融为一体。崇尚真善美，坚持真理，有强烈的事业心和责任感，具备崇高的职业道德，树立正确的世界观、人生观、价值观。大学生知识要广博，知识结构要合理，科学文化素养要高，要富有创新精神。要有良好的心理素质、顽强的自制力、坚定的信念，对生活充满期望。同时，要有好的身体素质。此外，大学生要尽可能提升信息处理、人际关系处理、自我学习的能力等。

2. 加强社会实践

大学生要利用假期多参加社会实践，将理论知识与实际工作相结合，提高处理实际问题的能力，积累工作经验。

3. 正确定位

大学毕业生求职择业应面对现实，更新观念，转换思路，在适合自己的岗位上发挥聪明才智。不应过分关注物质条件，只有这样才能充分施展自己的抱负，实现人生价值。

4. 把握就业机会

大学毕业生可利用人才交流会、网络资源等途径寻找就业岗位，主动大胆展示自己的真实才干，抓住来之不易的就业机会。

5. 先就业再择业

面对严峻的就业形势，大学毕业生应转变就业观念，先就业再择业。求职择业不追求一步到位，瞻前顾后、斤斤计较眼前的得失，只会失去更多机会。在实践中积累经验，提升自我素养和价值，为后续职业发展奠定基础。

6. 积极主动走上创业道路

伴随着大众创业、万众创业的浪潮，大学生创业越来越受到学生和家长的热爱，各级政府和学校也出台了一系列鼓励大学生创新创业的政策，引导大学生创新，支持大学生创业。很多学生在校期间就积极参加各种正规的创新创业大赛，为将来创业打下了坚实的基础。

7. 做好职业生涯规划

很多学生在毕业的时候之所以很难找到满意的工作，很大部分原因是在大学期间没有做好自己的职业生涯规划，不知道自己将来到底要做什么，所以在就业时非常困惑。为了规避这种情况，大学生在大学一年级就应该做好自己的职业生涯规划，厘清思路，早日找到自己的发展方向。

第二节　就业政策分析

很多毕业生对于国家和各地政府出台的就业政策与鼓励措施认识不够。高校仍需加大在就业政策上的宣传力度，大学生也需要通过各种途径了解最新的就业政策。

目前国家就业相关政策包括：

（1）鼓励高校毕业生到基层和艰苦地区工作。各级政府要为高校毕业生创造工作条件，充实城市社区和农村乡镇基层单位，从事教育、卫生、公安、农技、扶贫和其他社会公益事业。在艰苦地区工作2年或2年以上者，报考研究生的，应优先予以推荐、录取；报考党政机关和应聘国有企事业单位的，同等条件下，应优先录用。国家鼓励高校毕业生到基层、中西部地区就业的项目主要包括：大学生志愿服务西部计划、三支一扶计划、大学生村官、特岗教师等。

大学生志愿服务西部计划，是团中央、教育部根据国务院常务会议、《国务院办公厅关于做好2003年普通高等学校毕业生就业工作通知》和 2003 年全国高校毕业生就业工作电视电话会议精神要求而实施的，由财政部、人社部给予相关政策、资金支持。该项计划从 2003 年开始实施，按照公开招募、自愿报名、组织选拔、集中派遣的方式，每年招募一定数量的普通高等学校应届毕业生或在读研究生，到西部基层开展为期 1-3 年的教育、卫生、农技、扶贫等志愿服务。

三支一扶计划，是指大学生毕业后到农村基层从事支农、支教、支医和扶贫工作。计划的政策依据是国家人事部 2006 年颁布的第 16 号文件《关于组织开展高校毕业生到农村基层从事支教、支农、支医和扶贫工作的通知》。主要包括组织招募和对大学毕业生工作期间的管理服务两方面内容。组织招募有一套详细的工作流程，即每年 4 月底前，各地收集、汇总、上报乡镇一级教育、农业、卫生等基层岗位需求信息；每年 5 月底前，各地根据下达的招募计划，采取考核或考试的方式进行公开招募；每年 7 月底前，派遣“三支一扶”大学生到服务单位报到。《通知》在对“三支一扶”大学生工作期间的户档管理、日常管理、考核管理和经费保障等方面都做了详尽规定。对服务期满考核合格的大学生，颁发由人事部统一印制的《高校毕业生到农村基层服务证书》，作为服务期满后享受相关就业优惠政策的依据。工作时间一般为 2 年，工作期间给予一定的生活补贴。工作期满后，自主择业，择业期间享受一定的政策优惠。

大学生村官工作是十七大以来党中央做出的一项重大战略决策，主要目的是培养一大批社会主义新农村建设骨干人才、党政干部队伍后备人才、各行各业优秀人才，江苏省同时设立了 985 村官计划。2014 年 5 月 30 日，中央组织部召开全国大学生村官工作座谈会，进一步明确了大学生村官工作的定位。大学生村官工作是国家开展的选派项目。大学生村官岗位性质为“村级组织特设岗位”，系非公务员身份，其工作、生活补助和享受保障待遇应缴纳的相关费用由中央和地方财政共同承担。大学生村官的工作管理及考核比照公务员有关规定进行，由县（市、区）党委组织部牵头负责、乡镇党委直接管理、村党组织协助实施；人事档案由县（市、区）党委组织部管理或县（市、区）人力资源和社会保障部门所属人才服务机构免费代理，党、团关系转至所在村。

特岗教师政策是中央实施的一项对西部地区农村义务教育的特殊政策，通过公开招聘高校毕业生到西部地区“两基”攻坚县、县以下农村学校任教。引导和鼓励高校毕业生从事农村义务教育工作，创新农村学校教师的补充机制，逐步解决农村学校师资总量不足和结构不合理等问题，提高农村教师队伍的整体素质，促进城乡教育均衡发展。

（2）党政机关录用公务员和国有企事业单位新增专业技术人员和管理人员，应主要面向高校毕业生，公开招考或招聘，择优录用。

（3）鼓励各类企事业单位特别是中小企业和民营企事业单位聘用高校毕业生，政府有关部门要为其提供便利条件和相应服务。对企业跨地区聘用的高校毕业生，省会及省会以下城市要认真落实有关政策，取消落户限制。

（4）鼓励高校毕业生自主创业和灵活就业。凡高校毕业生从事个体经营的，除国家限制的行业外，自工商部门批准其经营之日起1年内免交登记类和管理类各项行政事业性收费。有条件的地区由地方政府确定，在现有渠道中为高校毕业生提供创业小额贷款和担保。

（5）为高校毕业生办理户口和人事档案手续提供便利。对毕业离校时未落实工作单位的高校毕业生，本人要求户口和人事档案保留在学校的，按规定保留两年。在此期间，档案管理机构对保管其档案免收服务费用；本人要求将户口转回入学前户籍所在地的，公安机关应当按照户籍管理规定为其办理落户手续，人事、教育部门所属人才交流服务机构负责办理相关手续，人事部门所属人才交流服务机构免费提供人事代理服务。本人落实工作单位后，公安机关按有关规定办理户口迁移手续。

（6）毕业半年以上未能就业并要求就业的高校毕业生，可持学校证明到入学前户籍所在城市或县劳动保障部门办理失业登记。劳动保障部门所属的公共职业介绍机构和街道劳动保障机构应免费为其提供就业服务。对已进行失业登记的高校毕业生，有条件的城市、社区可组织其参加临时性社会工作、社会公益活动，或到用人单位见习，给予一定报酬。对于因患病等原因短期无法工作并确无生活来源者，由民政部门参照当地城市低保标准，给予临时救助。此项费用由地方财政列支。

（7）促进以创业带动就业的政策。对高校毕业生创办的小型微型企业，按规定落实好减半征收企业所得税、月销售额不超过 2 万元的暂免征收增值税和营业税等税收优惠政策。对从事个体经营的高校毕业生和毕业年度内的高校毕业生，按规定享受相关税收优惠政策。留学回国人员自主创业，符合条件的，可享受现行高校毕业生创业扶持政策。

互动练习一 职场配对游戏

实验准备：根据班级人数，任课教师提前制定好卡片，以5为倍数的奇数10张，以2为倍数的偶数110张。奇数号码卡片给男生或者愿意的女生，偶数号码卡片给剩下的同学。所有同学并不知道卡片上写的是什么数字。任课教师和其选择的小助手（不愿意直接参加实验的同学，可以担任任课教师的小助手）将卡片拆封，贴在每个同学的背后。

实验规则：

（1）假设参与活动的学生一共120人。

（2）编号为2~220，但学生不知道卡片号码最大的是220，最小的是2。

（3）编号贴在学生背后，每个人只能看见别人的编号。

（4）大家可以交流，但不能把对方的编号告诉对方。

（5）任课教师指定奇数号码卡片学生模拟招聘单位，一共10个招聘单位；偶数号码卡片学生模拟应聘人员，每个招聘单位招聘10个学生，因而会有10个学生找不到单位。最后每个团队11人的分数相加，总分数前三的团队赢得比赛，任课教师可以给予一定的平时成绩加分。剩下10个没有找到招聘单位的学生将受到一定的惩罚，如表演一个节目等。

（6）配对时间设限。

说明：分数代表了单位和个人的能力，分数越高能力越强。实验后让学生分享活动感受。

互动练习二　通过职业调查确立职业方向

调查自己所学专业目前的就业形势，如就业率、就业地区分布、就业单位性质、就业岗位、就业单位最看重的能力等。比照课堂上的配对结果，确定自己的就业行业和职业方向，尝试提炼自荐信和简历。

第七章

求职准备

【本章学习目标】

◆ 从信息获取、心理准备、能力准备、应对求职中常见的法律问题四个方面，学习了解求职前应做的相关准备。

◆ 知晓并利用各种渠道获取招聘信息

◆ 做好求职前的心理准备

◆ 了解求职所需要的能力

◆ 了解求职过程中常涉及的法律问题

◆ 运用法律手段捍卫正当权利

【案例导入】

案例一

已经临近毕业，张利还没有找到满意的工作单位，心中焦急万分。她最近一直在互联网上搜寻招聘信息，投递电子简历，但是收效甚微。焦虑的张利求助于职业生涯规划导师，老师跟她一起分析了获取招聘信息的常见渠道。她茅塞顿开，很快就和一家自己满意的外贸公司签约了。

案例二

小李是一名英语专业的应届毕业生，担任过学院的学生会副主席，成绩也不错，获得过两次校级奖学金。但找工作时则屡屡碰壁，一直找不到满意的工作。

求职者在求职初期往往不清楚自己的实际情况，获取招聘信息的途径又有限，没有做好心理准备，易陷于焦虑。经过职业生涯规划导师的专业建议和分析，两位同学总结了自己的能力优势，做好心理准备，并通过了解《劳动合同法》的相关条例，为自己的成功求职添加了砝码。

第一节　信息获取

校园招聘旺季，应届毕业生应做好充分准备，把握住关键机会。要善于利用各种渠道、通过各条途径获取信息。这些渠道和途径主要有：

一、通过高校毕业生就业主管部门获取信息

高校的毕业生就业办公室或毕业生就业指导中心，是高校主管毕业生就业工作的行政管理部门，与各部委和省市的毕业生就业主管部门及用人单位有着紧密的联系，很多社会需求信息都汇集到这里。相关毕业生就业主管部门会及时向毕业生发布有关需求信息，有针对性地进行政策咨询和择业指导，让毕业生了解毕业生供需状况及有关就业政策规定。高校毕业生就业办公室或毕业生就业指导中心是高校毕业生获取用人单位信息的主渠道，其提供的信息真实可靠，质量高、数量可观。此外，各类“人才交流会”“供需见面会”也是毕业生获取就业信息的有效渠道。这类交流会有的是高校主办的，有的是当地毕业生就业主管部门组织的。一些用人单位也会选择一些学校进行校园宣讲会，吸引毕业生前来应聘。因为是供需双方面谈，毕业生不仅可以掌握许多用人单位招聘信息，而且可以与招聘单位当场签订协议，简捷有效。

就业主管部门发布的信息具有以下几个特点。

1. 针对性强

一般用人单位是在掌握了该校的专业设置、生源情况、教学质量等信息后，才向学校发出用人需求信息的，这些信息针对性强。

2. 可靠性高

为了对广大毕业生负责，把用人单位需求信息公布之前，相关就业主管部门须先审核甄别用人单位资质及其发布的招聘信息，保证信息的可靠性。

二、通过各类人才市场获得信息

随着社会主义市场经济的发展，我国人才市场、中介机构也应运而生，各区县的劳动部门也建立了人才市场。在各类人才市场，毕业生可以了解各类不同招聘机构和职位，可以有效锻炼面试技巧，增强面试自信心。但人才市场发布的招聘信息是面向全社会的，针对性较弱。此外，毕业生通过人才中介机构获取就业信息时要注意加以甄别，以免上当受骗。如可以通过全国组织机构统一社会信用代码公示查询官网（https：//ss. cods. org. cn/）获取用人单位基本信用信息，通过网络查询、咨询其社会口碑等，帮助自己判断。

1. 通过网络等新闻媒体获得信息

网络招聘，是通过先进的高科技手段，将求职信息与招聘信息网上发布，用人单位和求职者通过网络双向选择、直接交流。它突破了信息壁垒，跨越了时空界限，打破传统人才招聘单向性交流格局。求职者可以获取异地大量招聘信息及就业机会。现在很多企业基本通过网申进行简历筛选；求职者也可以通过专业招聘网站如智联招聘、用人单位的官方网站、门户网站的求职频道等搜集招聘就业信息，省时省力低成本。当然网络上也充斥着很多虚假信息，大学毕业生需谨慎小心，避免损失。

2. 通过社会关系获得信息

六度人脉关系理论认为每个人都可以通过六层以内的熟人链跟任何其他人联系起来。也就是说，最多通过六个人你就能够认识任何一个陌生人。因此大学毕业生在搜寻就业信息时千万不要忘记身边的亲戚、朋友，也许他们能给你提供一些机会。实际上，大多数用人单位更愿意录用熟人介绍和推荐进来的求职者，认为这样比较可靠。进一步来讲，招聘单位每天都能收到数百封求职信，人力资源专员要分辨挑选适合本单位本岗位的合适人才并非易事。在这个关键时候如果有人能帮你推荐一下，也许是最有效的。当然，关系要靠自己发掘，途径必须正当。

可以为你提供信息的一般有以下几类人：

（1）家长亲友

家长亲友既关心毕业生的就业，又广泛接触社会，可以从不同渠道获取用人单位的需求信息。家长亲友提供的职业信息主要来源于其个人的社会关系，相对固定，有较大的局限性。一般不能反映就业市场的实际供求状况，也很难与毕业生的职业发展规划相匹配。但这些信息相对比较可靠，如果用人单位的要求与毕业生的个人条件比较相符，则毕业生实现就业的可能性就比较大。家长亲友提供的就业信息有很大差异性。对个别毕业生来说，家长亲友提供的就业信息可能是其有效选择；但对多数毕业生而言，依靠这类信息实现就业的可能性很低。

（2）学校教师或导师

本专业的教师比一般人更了解毕业生的就业方向和范围，对一些对口单位的人才需求信息比较了解。毕业生可以通过专业教师获得相关单位的用人信息，从而获取可靠的就业机会。教师或导师也可以作为推荐人或引荐人，帮助毕业生顺利找到合适的就业单位。

（3）校友

校友提供的职业信息一般比较适合本校，尤其是本专业毕业生就业需求和期望，比来自一般市场招聘信息参考性和针对性高。

（4）社会实践、实习

社会实践是大学生自我发掘就业机会的重要途径。参加社会实践过程中，通过自身努力赢得用人单位的好感、信任，获取就业信息甚至直接得到就业机会的大学生不乏其人。因此，大学生参加各种社会实践活动，在了解社会、提高思想觉悟、培养社会交往能力的同时，不要忘记做一个收集社会实践信息并利用社会实践机会展示自我的有心人。还有一个可以获取就业机会的途径就是毕业实习。实习单位一般比较对口，通过实习可以直接了解相关就业信息，通过实习机会与用人单位签订就业协议也是一个很好的就业途径。

拓展阅读 六度人脉理论

所谓六度人脉关系理论（Six Degrees of Separation），是指地球上所有的人都可以通过六层以内的熟人链和任何其他人联系起来。通俗地说，就是你和任何一个陌生人之间所间隔的人不会超过六个，也就是说，最多通过六个人你就能够认识任何一个陌生人。

互动练习 发掘就业途径

请结合自己的职业兴趣，列出可能找到工作的十种途径。

第二节 心理准备

面对毕业择业，很多大学毕业生心理上会出现波动。一方面是即将步入社会，对未来充满期望；另一方面会陷入迷茫，心生焦虑。为此，毕业生务必要调整好择业心态，做好充分的心理准备。积极参与竞争，勇敢地迎接挑战，为顺利实现就业确立心理基础。

职业生涯规划六步骤告诉我们，大学毕业生择业要知彼知己。知彼就是要了解社会环境和工作单位，正确认识当前的就业形势，了解社会需要什么样的人才。知己就是实事求是地评价自己，对自己有个正确的认识。要客观、正确地认知自身各方面的情况，优点和优势，缺点和不足，性格、兴趣、特长等。要明了想做什么和能做什么，只有这样才能保持良好的择业心态。

良好的心态是提升就业能力的保证。相关调查报告显示，就

“解决当前大学生就业难的方法”，毕业生和用人单位的认识截然不同。毕业生更关注于从知识层面提高自己，认为提高技能和职业素质是最主要的。而在用人单位看来，首要的却是毕业生需要调整就业心态，提高职业素质和技能反倒退居其次。因此，要提高毕业生求职成功率，应培养其好的择业心态，树立与市场经济相适应的现代就业观。

良好的择业心态主要体现在以下几个方面：

（1）确立恰当的就业目标。一个人的择业目标应与本人具备的条件相符或接近。

（2）避免理想主义，及时调整就业期望，不刻意追求最满意的结果。

（3）避免从众心理，一切从自身的条件能力和社会需要出发，不攀比。

（4）克服自卑、胆怯心理，树立自信心，具有敢于竞争的勇气。

（5）遇到挫折，不消极退缩，积极乐观，勇于向困难挑战。

要保持良好的心理，不怕失败，求职之路不可能一帆风顺。求职时需要主动热情，要认真做好总结。看到别人好的一面，发现自己需要改善的地方，这样才能不断进步。

小贴士　毕业生求职前需要思考的事项

★ 读研 vs 工作

读研还是找工作，这是很多毕业生面临的第一个决策。除了个人兴趣以外，还要考虑一些客观因素，如能否考上？本专业是否难找工作？读研的目的是什么？对未来是否有规划等？

★ 大企业 vs 小公司

做“鸡首”还是“凤尾”？一定要考虑清楚。喜欢稳定的人选择大企业比较合适；喜欢冒险的毕业生去小公司更有前景。

★ 专业 vs 兴趣

选择职业时，优先考虑专业还是兴趣？专业是基础，兴趣是方向。专业能力强，是为本钱；兴趣的潜力，类似股权。

互动练习　心理素质的重要性

良好的心理能力除了有助于求职，生活中还能起到什么样的作用？结合自己的经历思考。

第三节　能力准备

用人单位需要什么样的人才？一句话，有能力、高素质。一个人仅有知识、文凭是不够的，还需要有能力。需具有以下几个方面能力：学习力、人际交往能力、沟通表达能力、逻辑思维能力、执行力、情绪稳定能力、时间观念、团队意识、自我管理能力。

一、学习力

学习力是一个人或一个企业、一个组织学习的动力、毅力和能力的综合体现。学习力是把知识资源转化为知识资本的能力。个人的学习力，不仅包含其知识总量，即个人学习内容的宽广程度，也包含其知识质量，即学习者的综合素质、学习效率和学习品质；还包含它的学习流量，即学习的速度及吸纳和扩充知识的能力，更重要的是看其知识增量，即学习成果的创新程度以及把知识转化为价值的程度。学习力由三个要素组成，分别是学习的动力、学习的毅力和学习的能力。学习的动力体现了学习者的目标；学习的毅力反映了学习者的意志；学习的能力则来源于学习者掌握的知识及其在实践中的应用。学习力成就一个人的竞争力。①

二、人际交往能力

人际交往能力指妥善处理组织内外关系的能力，是社会基本技能之一。包括与周围环境建立广泛联系和对外界信息的吸收、转化能力，以及正确处理上下左右关系的能力。②

人际交往能力包括以下六方面。

一是人际感受能力。指对他人的感情、动机、需要、思想等的感知能力。

二是记忆力。指记忆交往对象个体特征，以及交往情景、内容的能力，是记忆与交往对象及交往活动相关信息的能力。

---

① 刘海峰. 学习力［M］. 北京：北京华侨出版社，2018.

② 宋井林. 论当代大学生人际交往能力的培养［D］. 山东师范大学，2011.

三是人际理解力。指理解他人的思想、感情与行为的能力。人际理解力包含着理解他人的愿望，帮助我们体会他人的感受；通过对方的语言、语态、动作等理解并分享其观点，把握其需求，并恰如其分地回应对方。

四是人际想象力。从对方的地位、处境、立场思考问题，评价其行为的能力。就是设身处地为他人着想的能力。

五是风度和表达力。这是人际交往的外在表现。指与人交际的举止、做派、谈吐、风度，以及真挚、友善、富于感染力的情感表达，是人际交往能力的较高表现。

六是合作能力与协调能力。这是人际交往能力的综合体现，是组织团队合作的必要能力。

人际交往能力的培养要处理好以下几个方面的问题：

一是虚心求教，克服嫉妒心理。

二是培养待人宽宏大度的品质。在人际交往中要求大同存小异，待人宽厚，谅解他人的难处，包容别人的缺点。

三是增强自信心，克服社交恐惧症。毕业生步入社会，少不了接触各方面的人；如不能应对自如，恰当交往，必将影响人际关系。人际交往能力是每个大学生必须努力提高和完善的一种能力。

拓展阅读 人际交往原则

知乎上有一段关于改善人际交往经验总结：第一，你有德。对人真诚，为人厚道，心地善良，有规矩，有方圆，有礼貌，有爱心，让别人感到温暖、放心。第二，你有用。你能带给别人实用价值。第三，你有料。跟你相处能打开眼界，放大格局。第四，你有量。你能倾听别人的想法并发表有价值的见解。第五，你有容。能充分认可别人的价值、欣赏别人的特色。第六，你有趣。能带给别人愉快的心情，和你在一起不闷。请牢记以上几点，让更多人愿意与你为友。若有下一点，你会吸引更多人。第七，你有心。懂得用情用心交朋友。

三、沟通表达能力①

沟通表达能力是现代人才必备的基本素质之一。

1. 有效沟通的基本步骤

（1）做好沟通前的准备工作。

（2）确认对方的需求。

（3）使用 FAB 原则阐述自己的观点。

（4）恰当地处理双方的分歧。

（5）达成一致协议。

（6）双方共同实施。

2. 提高沟通能力的技巧

① 百度文库（https：//wenku.baidu.com/）。

（1）组织清晰、简洁的语言。

（2）注意非语言暗示。

（3）注意倾听。

（4）反馈。

3. 做好沟通前的准备

（1）确立明确而详细的沟通目标。

（2）制定整体的沟通计划。

（3）制定详细的工作辅助表。

（4）预测可能遇到的异议和争议。

（5）对双方具体情况进行 SWOT 分析。

（6）请对方做好准备。

4. 与人沟通的三个要点

（1）换位思考。站在对方角度和立场思考，以便更容易切入主题和顺利沟通。

（2）学会倾听。沟通是一个交流过程，而不是一个说教的过程，必须学会有效倾听。

（3）明确沟通的目的。时刻牢记沟通的目的，即为什么要去与他人沟通交流，要达到什么样的目标，打算用什么样的方式实现。

四、逻辑思维能力

逻辑思维能力指正确、合理思考的能力。即对事物进行观察、比较、分析、综合、抽象、概括、判断、推理的能力，采用科学的逻辑方法，准确而有条理地表达自己思维过程的能力。逻辑思维能力的提高主要依赖于通过长期的阅读，培养良好的写作和思维习惯，见效比较慢。《零秒思考》①（赤羽雄二，2014）一书介绍了一种增强逻辑思维能力的方法，类似于大纲类的思维导图，简便易用，简述如下。

1. 具体做法

取若干张 A4 纸，每张纸记录一个主题，一页写 4-6 行，每行 20-30 个字。一张纸控制在 2 分钟以内，每天写 10 页，熟练之后可以把时间缩短在一分钟以内。其实就是每天用 20-30 分钟记笔记，将碎片化思维、倏忽即逝的灵感等呈现于书面，随时随地记录。

做笔记的方法 20××-××-××

——笔记的左上角写标题

——像这样写4~6行

——每页都在一分钟之内完成

——自己能够看明白就可以了

——书写内容要占页面一半左右，某种程度上要详细写

如何改掉我起床晚的习惯？ 20××-××-××

——晚上一定要睡得早，尽量是在十一点之前睡觉

——睡前绝对不要看电视，也不要看手机

——睡前不要吃太多东西，特别是甜食，也不要喝太多水

——这点非常重要，在十一点之前必须要完成这一天的所有任务

2. 作用

（1）能够掌握自己当下所思考的问题。头脑和情感能得到快速整理，通过及时记录不会漏掉任何有价值的信息。

（2）有了记录之后，即使当下的答案不是非常满意，也能够在日后的生活中不断修改，反复审视，直到自己满意为止。

（3）最重要的是能够留下一些痕迹。因为我们大脑倾向于忘记那些我们并不在意的事情。

3. 效果

（1）坚持三周至一个月：语言层出不穷，甚至做笔记之前就已

---

① ［日］赤羽雄二著：《零秒思考》，北京联合出版公司，2014.

经知道该怎么表达了。

（2）坚持1—2个月：一个月前还很朦胧不知如何表达的事项，现在已经能用语言明确地表达出来，想法也会不断涌现。

（3）坚持2—3个月：基本能够做到瞬间从宏观上进行思考，抓到问题关键，接近“零秒思考”。

五、执行力

执行力指有效利用资源，保质保量达成目标的能力，是贯彻战略意图，完成预定目标的操作能力。执行力包含完成任务的意愿，完成任务的能力，完成任务的程度。分为个人执行力、团队执行力和能动执行力。对个人而言执行力就是办事能力；对团队而言执行力就是战斗力；对企业而言执行力就是经营能力。简单来说，执行力就是行动力。①

六、情绪稳定能力

通向成功的道路上，很多时候其实并非缺少机会或是其他，成功的最大敌人是缺乏对情绪的控制。愤怒时，不能制怒，使合作者望而却步；消沉时，放纵萎靡，白白浪费稍纵即逝的时机。拿破仑说：“能控制好自己情绪的人，比能拿下一座城池的将军更伟大。”由此可见情绪控制力对个人职业发展的重要性。

一年前在日本旅行时，认识了同是英语专业的Sucy。Sucy想开一个烘焙坊，有着共同爱好的我们一路相谈甚欢。聊起未来的事业，

① 吉恩·海登.《执行力是训练出来的》，湖南文艺出版社，2017.

Sucy很有想法，侃侃而谈。但Sucy感叹在一线城市打拼的辛苦，没钱没人脉，道阻且长。我觉得Sucy不错，有心帮她，准备和她一起创业。为此，我还约了一个资深人力资源，想要和她谈谈合作的事。

然而加了她微信后，我发现她是一个情绪特别不稳定的姑娘。

整天怨天尤人，似乎对什么都有意见，非常情绪化。有天晚上可能跟闺蜜吵架，她连发了好几条骂人的信息。我开始对她的情绪感到害怕，权衡再三，打消了合作的念头。作为创业青年，不明白朋友圈的作用，把它当作情绪垃圾桶，这种失误不仅仅显出情商低，也不够聪明。能力需要情绪作为铺垫，良好的情绪控制能促成能力发挥最大的效能。

互动练习 情绪管理工具单

虽然情绪对我们具有保护意义，但我们对情绪的错误处理方式则具有破坏性。所以，当发现情绪受到影响，一定要马上去解决。你需要找到自己的“安慰剂”，试着制作一张自己的“情绪管理工具单”：

在纸上写下“当我________（情绪）的时候，我会________（健康的情绪管理方法）。”

带在身边，在负面情绪跑出来的时候对照着做。

七、时间观念

时间观念是一种契约精神。不能说时间观念很强的人都能够成功；但可以说，任何一个成功的人，都有很强的时间观念。没有时间观念的人，往往都有拖延症，什么事总想向后拖；这样一拖再拖，时间也就没有了。事实证明，良好的时间观念不仅有助于提高工作、学习效率，还有助于建立积极乐观的生活态度。

八、团队意识

团队意识指团队配合意识，是一种主动性意识；将自己融入整个团体，站在团队的角度思考问题。想团队之所需，从而最大限度地发挥自身的作用。团队意识不是简单地被动地服从命令。前者可以促进团队的发展，后者只是简单的拼凑。IBM 把工作团队视为“通过协作的决策，组成工作小组达到共同的商业目的。”乔恩·R·卡曾巴赫与道格拉斯·K·史密斯（Douglas K. Smith）在《团队的智慧》①中指出：“团队是拥有不同技巧的人员的组合，他们致力于共同的目的、共同的工作目标和共同的相互负责的处事方法。”团队中的每一成员都对他人工作起到了重要作用。

九、自我管理能力

自我心态管理能力、自我形象管理能力、自我激励管理能力、自我时间管理能力、自我目标管理能力、自我行为管理能力、自我角色认知能力等，都属于自我管理能力范畴。

---

① ［美］乔恩·R·卡曾巴赫，道格拉斯·K·史密斯．《团队的智慧》［M］．北京：经济科学出版社，1999.

互动练习 能力提升

结合现状，思考自己有哪些能力亟待提升？

第四节　求职过程中常涉及的法律问题

一、求职就业前必须了解的相关法律

1.《劳动合同法》

现行的《劳动合同法》由中华人民共和国第十届全国人民代表大会常务委员会第二十八次会议于2007年6月29日通过，自2008年1月1日起施行。劳动合同法共八章。具体内容为：总则；劳动合同的订立；劳动合同的履行和变更；劳动合同的解除和终止；特别规定；监督检查；法律责任；附则。

2.《就业服务与就业管理规定》

2007年11月5日劳动和社会保障部令第28号公布《就业服务与就业管理规定》，《规定》分总则、求职与就业、招用人员、公共就业服务、就业援助、职业中介服务、就业与失业管理、罚则、附则共9章77条，自2008年1月1日起施行。

二、大学毕业生就业中应注意的主要法律问题

（一）择业阶段

主要涉及对毕业生平等权、知情权、隐私权、财产权的侵犯。主要问题有就业歧视、虚假招聘、薪酬陷阱等。

1. 侵犯毕业生正当权益示例及分析

示例一

小王是某大学的应届毕业生，某日他看到了一则招聘信息：“某公司欲招聘 5 名程序员。“应聘者须满足下列条件：①男性；②大学本科以上学历；③专业为计算机……” 小王非常庆幸，自己完全符合招聘条件，于是递交了简历。第二天小王就收到了该公司的面试通知，不过对方让小王带上 200 元钱，包括资料费 100 元和考试费 100 元。由于工作不好找，小王还能承受于是就答应了。第二天，交完钱小王领回一本复印资料，并被要求等待电话通知。自那以后，小王再也没收到这家公司的电话。焦急的小王前往公司查看，才发现和他一样焦急的应聘者有很多。而那家公司早已人去楼空……

示例二

去年 8 月份，小王离开家乡来到重庆一家私营餐馆工作。餐馆经理收走了小王的身份证，说是在其离开餐馆时归还。小王认为老板的做法不合法，向当地劳动保障监察机构举报。劳动保障监察机构经调查核实后，责令餐馆老板归还了小王被扣押的身份证。

用人单位依法建立和完善内部规章制度，加强对本单位职工的管理，是保证用人单位生产经营活动有序进行的需要。但是，一些用人单位以严格管理为由，采取收取风险抵押金、抵押物或扣押身

份证等做法，变相限制了职工的人身自由，侵犯了职工的合法权益。

相关法律条文

《劳动合同法》第九条：用人单位招用劳动者，不得扣押劳动者的居民身份证和其他证件，不得要求劳动者提供担保或者以其他名义向劳动者收取财物。

2. 侵犯毕业生隐私权示例及分析

小羽是系里出了名的才女，不仅人长得漂亮成绩也名列前茅。但就是这在别人看来的优势，却给小羽平添了很多烦恼。在多次面试过程中，招聘方除了问一些和招聘职位相关的问题，还涉及很多私人问题，例如有无男朋友，择偶的条件等。小羽答也不是，不答也不是；折腾半天，最后招聘方多半以该职位不适合女生为由打发小羽。

女性求职者有权利拒绝用人单位涉及个人隐私的问题。若遇到类似问题，有权利向相关劳动部门投诉。

相关法律条文

《劳动合同法》第八条：用人单位招用劳动者时，应当如实告知劳动者工作内容、工作条件、工作地点、职业危害、安全生产状况、劳动报酬，以及劳动者要求了解的其他情况；用人单位有权了解劳动者与劳动合同直接相关的基本情况，劳动者应当如实说明。

《就业服务与就业管理规定》第十六条：用人单位在招用人员时，除国家规定的不适合妇女从事的工种或者岗位外，不得以性别为由拒绝录用妇女或者提高对妇女的录用标准。用人单位录用女职工，不得在劳动合同中规定限制女职工结婚、生育的内容。

（二）签约阶段

高校毕业生与用人单位签约通常有两种形式。一是三方协议。三方协议是《全国普通高等学校毕业生就业协议书》的简称，是普通高等学校毕业生和用人单位在正式确立劳动人事关系前，经双向选择，在规定期限内确立就业关系、明确双方权利和义务而达成的书面协议，是用人单位确认毕业生相关信息真实可靠以及接收毕业生的重要凭据，也是高校进行毕业生就业管理、编制就业方案以及毕业生办理就业落户手续等有关事项的重要依据。协议在毕业生到单位报到、用人单位正式接收后自行终止。就业协议一般由教育部或各省、市、自治区就业主管部门统一制表。

二是单位接收函。接收函通常指具有人事接收权的单位同意接收毕业生而出具的函件。只有有人事接收权的单位才能发接收函，无人事接收权单位不被允许发接收函，需要上级主管单位或者委托人事代理部门发函（一般只有党委机关、政府单位及事业单位和国有企业具有人事接收权）。简言之，接收函即是新接收单位同意接收并将个人的隶属人事关系从原单位转入新单位的证明。

签约阶段存在的主要问题有：就业协议签订的主体资格、就业协议的效力、就业协议的内容不符合法律规定，补充条款约定违反法律规定，协议书签订程序不规范，毕业生提供虚假信息等。

1. 有关就业协议有效性示例及分析

小李与某国有企业A公司签订了就业协议。但在小李毕业前夕才知道，该公司为了发展需要，将公司的一些部门与另一家外资企业B公司进行合并重组，小李所在的部门正是A公司被划分出去的部门。小李在离校前两天被通知，由于之前的招聘行为是A公司单独行为，与B公司无关，重组后的合资公司不认可小李与A公司达成的劳动关系，就业协议视为无效。

根据《劳动合同法》，即使重组合资，小李与A公司所签订的合同仍然具备法律效力，小李可依据相关法律维护自己权益。

相关法律条文

《劳动合同法》第三十三条：用人单位变更名称、法定代表人、主要负责人或者投资人等事项，不影响劳动合同的履行。

《劳动合同法》第三十四条：用人单位发生合并或者分立等情况，原劳动合同继续有效，劳动合同由承继其权利和义务的用人单位继续履行。

2. 有关违约金问题示例及分析

小马和某公司达成就业协议，在三方协议的备注栏内写明了违约金，如果小马违约应该向公司交付 1 万元的违约金。为了得到这份来之不易的工作，小马没有提出任何异议就在就业协议上签了字。

尽管三方协议具有法律效力，但因协议书缺乏劳动合同的必备条款因而不是劳动合同，应当作为民事合同处理。民事合同遵循有法定从法定，没有法定从协定的原则。在与用人单位签订三方协议的备注栏相应条款时，如有异议一定要当面提出，协商一致后再签订；否则一旦签字就生效。毕业生应主动与用人单位协商，规定用人单位若违约其所应承担的赔偿责任。

相关法律条文

《劳动合同法》第二十五条：除本法第二十二条和第二十三条规定的情形外，用人单位不得与劳动者约定由劳动者承担违约金。（这里指劳动合同中的违约金，即指到用人单位工作后约定的违约金，区别于三方协议签订时的违约金。）

（三）就业报到阶段

报到阶段所存在的主要问题有：报到后用人单位不签订劳动合同或者延迟签订劳动合同；签订的劳动合同与就业协议书内容不一致；劳动合同不符合规范；薪酬缩水；保险问题；试用期问题等。

1. 有关劳动合同签订问题示例及分析

小明与 A 公司签订了就业协议，约定在到岗后双方将签订劳动合同。但当小明正式走上工作岗位后，A 公司的人力资源部却以种种借口无故推迟。小明心里非常没底，不知道该公司还会不会与他签订劳动合同。这种有一天没一天的状态严重影响了他的工作热情和积极性，但小明不知该如何解决。

如果小明知晓《劳动合同法》关于劳动合同订立的相关规定，就不会惴惴不安，没有底气了。小明应注意留存自己在 A 公司工作的相关证明。

相关法律条文

《劳动合同法》第十条：建立劳动关系，应当订立书面劳动合同。已建立劳动关系，未同时订立书面劳动合同的，应当自用工之日起一个月内订立书面劳动合同。用人单位与劳动者在用工前订立劳动合同的，劳动关系自用工之日起建立。

《劳动合同法》第八十二条：用人单位自用工之日起超过一个月不满一年未与劳动者订立书面劳动合同的，应当向劳动者每月支付二倍的工资。

2. 有关试用期问题示例及分析

齐小姐一肚子气离开了南京某科技公司：她在公司做满 3 个月试用期后，又被“考察”了 3 个月。最后公司领导告诉她，“你不适合这份工作”，将她辞退。

最初 3 个月“试用期”，齐小姐月工资只有 800 元，而公司同级别的主管每个月 2200 元。齐小姐去年刚刚硕士毕业，今年 4 月来到这家公司应聘。公司刚刚开发了一个新项目，技术比较高端。公司让齐小姐做主管，并签订试用期合同：期满后如双方感觉合适，再签订3年合同。齐小姐兢兢业业地在一直干到7月初，心想终于可以“转正”，但公司领导又改口说“再考察3个月”。齐小姐很不情愿地熬到9月底，这时公司领导主动找到齐小姐：“你很有能力，但不适合这份工作。”一句话，将做了半年“廉价工”的齐小姐辞退。之后，齐小姐从另一个主管口中得知，这个项目期限就是半年。由于涉及专业要求比较高，“留下你，平时也用不上，浪费资源”。

齐小姐熟读《劳动合同法》后，一纸诉状将该公司告上了法庭。

一些用人单位为节约成本设置“试用期陷阱”，延长试用期或者压低试用期工资。求职者要知晓《劳动合同法》关于试用期的规定，象齐小姐一样勇敢地拿起法律武器捍卫自己权益。

相关法律条文

《劳动合同法》第十九条：劳动合同期限三个月以上不满一年的，试用期不得超过一个月；劳动合同期限一年以上不满三年的，试用期不得超过二个月；三年以上固定期限和无固定期限的劳动合同，试用期不得超过六个月。同一用人单位与同一劳动者只能约定一次试用期。以完成一定工作任务为期限的劳动合同或者劳动合同期限不满三个月的，不得约定试用期。试用期包含在劳动合同期限内。劳动合同仅约定试用期的，试用期不成立，该期限为劳动合同期限。

《劳动合同法》第二十条：劳动者在试用期的工资不得低于本单位相同岗位最低档工资或者劳动合同约定工资的百分之八十，并不得低于用人单位所在地的最低工资标准。

（四）工作阶段

1. 有关劳动合同解除问题示例及分析

今年5月，广州某科技有限公司因科研开发需要，决定从社会上招聘一批技术人员，从事公司新技术的研发工作。小周等4人经过层层面试，过关斩将，最终被公司聘用。经双方协商，公司与小周等人签订了为期3年的劳动合同，约定试用期为3个月。

然而，合同履行后不到两个月，公司因经营战略调整，决定撤销该技术研发项目，包括小周在内的4名研发人员都被列入裁员名单中。当公司人力资源部经理刘先生将这一决定逐一通知小周等4人时，其他三人都表示理解，并顺利办理了离职手续。但是小周却要求单位补偿两个月的工资，理由是：公司先提出解除合同又没有提前30日通知。对这一“无理要求”，刘先生当场予以拒绝，并说：“公司是在试用期内辞退你，根据《劳动合同法》规定，是不需要提前通知并支付经济补偿金的！”

根据相关条例，小周等四人是公司因战略调整被裁人员，不符合《劳动合同法》中用人单位可单方面解约的情形。因此，用人单位不得强行解除劳动合同的，并有责任向小周等四人说明理由并补偿。该公司人力资源部经理刘先生的专业性值得怀疑，试用期内用人单位不能随便辞退员工。

相关法律条文

《劳动合同法》第二十一条：在试用期中，除劳动者有本法第三十九条和第四十条第一项、第二项规定的情形外，用人单位不得解除劳动合同。用人单位在试用期解除劳动合同的，应当向劳动者说明理由。

《劳动合同法》第三十九条：劳动者有下列情形之一的，用人单位可以解除劳动合同：

（一）在试用期间被证明不符合录用条件的；

（二）严重违反用人单位的规章制度的；

（三）严重失职，营私舞弊，给用人单位造成重大损害的；

（四）劳动者同时与其他用人单位建立劳动关系，对完成本单位的工作任务造成严重影响，或者经用人单位提出，拒不改正的；

（五）因本法第二十六条第一款第一项规定的情形致使劳动合同无效的；

（六）被依法追究刑事责任的。

《劳动合同法》第四十条：有下列情形之一的，用人单位提前三十日以书面形式通知劳动者本人或者额外支付劳动者一个月工资后，可以解除劳动合同：

（一）劳动者患病或者非因工负伤，在规定的医疗期满后不能从事原工作，也不能从事由用人单位另行安排的工作的；

（二）劳动者不能胜任工作，经过培训或者调整工作岗位，仍不能胜任工作的。

（三）劳动合同订立时所依据的客观情况发生重大变化，致使劳动合同无法履行，经用人单位与劳动者协商，未能就变更劳动合同内容达成协议的。

2. 有关竞业限制问题的示例及分析

纪某原是北京某电脑软件公司的软件设计人员，其与公司的劳动合同第40条规定："乙方（指纪某）保证，在离开甲方（指电脑公司）的一年内，不在与甲方同行业的其他企业内就职；否则，须向甲方支付20万元的罚金。"第41条规定："由于乙方对第40条的承诺，甲方每月向乙方支付特殊津贴，具体数额及支付方法在〈职务任命书〉中规定。"纪某开始工作后，电脑公司认为给纪某的工资已经很高，所以也就没有在《职务任命书》中按合同规定给予特殊津贴。

一年后，纪某终止了劳动合同。纪某离开该电脑公司刚一个多月，就前往深圳某软件公司继续从事软件开发工作，并开发成功。电脑公司发现此事后，认为纪某违反了劳动合同的约定，故要求他支付约定的罚金20万元。纪某拒绝支付，理由是公司违约在先。没有根据合同约定，向他支付特殊津贴。

根据不履行义务就无权主张相应权利的原则，仲裁委认为：电脑公司无权要求纪某遵守竞业避止的规定，纪某不必向电脑公司支付20万元的罚金。

纪某与电脑公司签订的劳动合同的相关条款是相当严密并合法的。但是因为公司没有严格执行合同，没有履行应有的义务，就无权主张相应权利。义务与权利是对等的，没有权利就无所谓义务，没尽到义务也就放弃了权利。电脑公司主张竞业限制权利而不履行相关义务显然是不成立的。

相关法律条文

《劳动合同法》第二十四条：竞业限制的人员限于用人单位的高级管理人员、高级技术人员和其他负有保密义务的人员。竞业限制的范围、地域、期限由用人单位与劳动者约定，竞业限制的约定不得违反法律、法规的规定。在解除或者终止劳动合同后，前款规定的人员到与本单位生产或者经营同类产品、从事同类业务的有竞争关系的其他用人单位，或者自己开业生产或者经营同类产品、从事同类业务的竞业限制期限，不得超过二年。

3. 有关无固定期限劳动合同签订问题的示例及分析

7月1日，公司有一批员工的劳动合同到期了，作为某合资公司人力资源部经理的高昆经与部门经理协商后，最终确定了续订合同的员工名单，薛明属于续订合同的范围。然而，当高经理将那份“续订两年劳动合同”的意向通知书交到薛明手中，薛明却提出要与单位签订无固定期限的劳动合同。理由是：自己在合资公司已经工作了12年，既然公司也同意与自己续订合同，就应当签订无固定期限的劳动合同。对于薛明的“无理”要求，高经理“晓之以理”道：“签不签无固定期限合同，要经过双方协商，不能因为职工希望签订无固定期限合同，公司就要与其签订。如果那样的话，其他员工都要求签订怎么办？公司还不成了敬老院！”

薛明依旧坚持己见，高经理只好拿出了撒手锏——劳动合同终止通知书。高经理说："既然你坚决要求签订无固定期限合同，公司是无法满足你的。这是两份劳动合同终止通知书，签完字后，你拿走一份准备办理离职手续吧！"听完这句话，薛明当时一言未发，在通知书上签完字后，当天就申诉到劳动争议仲裁委员会。要求公司依法与自己签订无固定期限的劳动合同。

无固定期限劳动合同是用人单位与劳动者在协商一致的基础上签订的，不是单方面提出，薛明的做法欠考量。而高经理强行终止劳动合同的行为是违反《劳动合同法》的。根据《劳动合同法》有关劳动合同的解除和终止的规定，薛明不符合可以终止劳动合同的情形，依法可以申诉；但申诉的内容不是要求公司依法与自己签订无固定期限的劳动合同，而是无故终止劳动合同。

相关法律条文

《劳动合同法》第十四条：无固定期限劳动合同，是指用人单位与劳动者约定无确定终止时间的劳动合同。用人单位与劳动者协商一致，可以订立无固定期限劳动合同。有下列情形之一，劳动者提出或者同意续订、订立劳动合同的，除劳动者提出订立固定期限劳动合同外，应当订立无固定期限劳动合同：

（一）劳动者在该用人单位连续工作满十年的；

（二）用人单位初次实行劳动合同制度或者国有企业改制重新订立劳动合同时，劳动者在该用人单位连续工作满十年且距法定退休年龄不足十年的；

（三）连续订立二次固定期限劳动合同，且劳动者没有本法第三十九条和第四十条第一项、第二项规定的情形，续订劳动合同的。

用人单位自用工之日起满一年不与劳动者订立书面劳动合同的，视为用人单位与劳动者已订立无固定期限劳动合同。

4. 有关出具离职证明问题的示例及分析

为了一纸“离职证明”，小李与原单位闹得不可开交；更令他懊恼的是，因为迟迟拿不到“离职证明”，新的单位已经给他下了“最后通牒”。

原来，小李在原单位任职三年多，今年2月初向公司提出辞职。单位准许其辞职，并将工资全部发放。今年4月中旬，小李找到了另一份工作，现在的公司要求小李递交原单位的离职证明；但当小李找到原单位后，该单位却拒绝为其开具证明。

眼看着新工作就要泡汤，小李想问，单位是否必须向劳动者开具离职证明？

《劳动合同法》明确了用人单位在解除合同的同时需要向劳动者出具离职证明和社保转移单。用人单位违反规定的，给劳动者造成损害的，应当承担赔偿责任。小李可与原单位协商解决；若协商不成，可以提起劳动仲裁，单位有义务为小李办理离职手续。

相关法律条文

《劳动合同法》第五十条：用人单位应当在解除或者终止劳动合同时出具解除或者终止劳动合同的证明，并在十五日内为劳动者办理档案和社会保险关系转移手续。

《劳动合同法》第八十九条：用人单位违反本法规定未向劳动者出具解除或者终止劳动合同的书面证明，由劳动行政部门责令改正；给劳动者造成损害的，应当承担赔偿责任。

小结：劳动争议的解决办法

解决劳动争议，应当根据合法、公正、及时处理的原则，依法维护劳动争议当事人的合法权益。

劳动争议发生后，当事人可以向本单位劳动争议调解委员会申请调解；调解不成，当事人一方要求仲裁的，可以向劳动争议仲裁委员会申请仲裁。当事人一方也可以直接向劳动争议仲裁委员会申请仲裁。对仲裁裁决不服的，可以向人民法院提出诉讼。

提出仲裁要求的一方应当自劳动争议发生之日起 60 日内向劳动争议仲裁委员会提出书面申请。仲裁裁决一般应在收到仲裁申请的 60 日内作出。对仲裁裁决无异议的，当事人必须履行。

劳动争议当事人对仲裁裁决不服的，可以自收到仲裁裁决书之日起 15 日内向人民法院提起诉讼。一方当事人在法定期限内不起诉又不履行仲裁裁决的，另一方当事人可以申请强制执行。

互动练习　分享求职案例

请在网络上搜寻求职或者工作中的问题案例，并在课堂上分享并分析。

拓展阅读　《劳动合同法》全文（扫一扫即可获取）

第八章

如何制作简历

【本章学习目标】

- ◆ 明确简历的作用和种类
- ◆ 了解简历的七要素
- ◆ 熟悉撰写简历的注意事项

【案例导入】

在一次就业指导课考试中，要求考生撰写一份简历。令人意想不到的是绝大多数考生撰写的简历都大同小异，甚至连经历也颇为相似。显然，很多高校毕业生在制作简历方面是不及格的。面对日益激烈的就业竞争，如何制作一份让人耳目一新的简历，向用人单位充分展于自身的实力和精神风貌？

第一节　认知简历

一、简历及其功能

简历，是具有针对性的书面自我介绍。即用规范化、逻辑化的书面语言，对个人求职意愿、教育背景、工作实习经历、特长爱好及其他有关情况所作的简明扼要的介绍。求职者通过简历向用人单位展示满足特定要求的资质和态度，对求职者来说，简历是“敲门砖”。成功的简历无疑是有效的营销手段，它能够迅速打动用人单位，确保求职者能够获得面试的机会。

二、简历的分类

在不同时间、场合使用不同类型的简历，有助于应聘者顺利获得就业机会。简历主要有以下几种类型。

1. 时序型简历

这是最传统也是最直接的简历，即把事件（实践经历、获奖情况等）按照时间顺序排列。通常情况下，按照倒序列示，最近发生的事情放在前面。在这种简历中，工作（实习）时间、地点和职位通常放在工作业绩的前面。这种简历清晰、简洁，便于招聘方阅读，常常受到用人单位的青睐。一份按时间顺序排列的简历应包括求职者基本信息、求职意向、经历和学历等部分。按时间顺序书写的简历一般适用于以下情况：求职者的工作经历能很好地反映其相关工作技能；求职者有一段出彩的工作经历；最近所担任的职务足以体现求职者的优势；求职者的工作没有中断。

2. 功能型简历

随着时代发展，求职潮流发生改变，一种不太常用但往往很有效的简历应运而生，这就是功能型简历。过去，一个人一生几十年可能只从事一份职业，服务于一家单位。但自20世纪80年代初期以来，随着我国改革开放的逐渐深入，这种情况发生转变。在市场经济大潮中，“跳槽”现象时有发生且被视为多样化的体现。很多“跳槽”者因此积累了不同行业不同职业工作经验而受到用人单位青睐。

在这样的就业潮流中需要有新的简历类型。功能性简历强调求职者的资历与能力，对求职者的专长和优势加以一定的分析和说明。这种类型的简历给予了求职者很大的自由，求职者可以按照工作业绩的大小，而不是时间的先后将工作成就向用人单位展现。工作技能与专长是功能型简历的核心内容。一份功能型简历一般包括就业意向、成绩、能力、工作经历以及学历等几部分。这和简历更强调技能而不是工作经历。它一般适用于：求职者的部分工作经历及技能与求职意向无关；求职者供职于多家单位但工作内容类似；求职者的工作经历有中断等情形。

3. 复合型简历

该种简历将时间型简历和功能型简历结合起来。求职者可以按时间顺序列举个人信息，同时突出自己的工作成绩与优势。如求职者的工作经历很适合用时序型简历，但又想突出工作技能，就可以以时序型简历为框架，但在每个工作经历下面加上专业技能。一份复合型简历一般包括求职意向、个人概况、工作成绩、工作经历和学历等部分。复合型简历能直接体现求职者的求职意向。它一般适用于这样的求职者：打算换一个行业；停滞不前需要突破；寻求升职机会等。

4. 业绩型简历

业绩型简历以突出成绩为主，一般将“工作成绩”作为简历的核心。业绩型简历一般包括：意向、成绩、资历、技能、工作经历以及学历等。业绩型简历看上去很像功能性简历，但重点并不在技能的强调。也就是说求职者不需要强调其所掌握的技能，只需在“主要业绩”栏下列出几点有说服力的业绩即可。它一般适用于销售人员、高级管理人员等。

5. 目的型简历

除了上述几种主要类型外，简历也可以根据求职意向来安排。目的型简历通常只针对某一特殊的职位。当我们有明确的求职意向——某个行业、某个公司或某个职位，那么这种类型的简历很适合。目的型简历可以突出技能、任职资格以及与应聘职位要求相匹配的工作经历，它一般适用于特定职业的求职；对特定领域的求职者较为适用，如教师、电脑工程师、律师等。

拓展阅读　应届生优秀简历范文

李想

求职意向：财会类

政治面貌：中共党员
民族：汉族　　籍贯：重庆
电话：*****
邮箱：***@163.com
通讯地址：XXXXXX

免冠照片

教育背景

2009.09-2013.06　**重庆大学　会计专业　管理学士**

主修课程：会计学原理（89）、财务分析（96）、管理会计（96）、成本会计（87）、财务管理（89）、中级财务会计（81）、审计（81）GPA：3.54（排名：10%）

获得奖励

2010-2012

- » 连续获得“国家励志奖学金”（2%）、优秀学生专业奖学金、优秀学生干部奖学金（3%）
- » 先后被评为“校优秀学生干部”（3%）、“校优秀青年志愿者”（3%）、“校自立自强先进个人”（2%）、“校职业训练营优秀营员”、“院三好学生（5%）”、“院优秀勤工干部”（5%）
- » 参加“爱在重大”志愿者活动获团体一等奖（负责人）、“梦想杯文艺大赛”获最佳主题奖、“构创建和谐校园，创造安全环境”征文比赛获一等奖、管理学院第四届优秀成果展获一等奖

社会实践

2012.07-2012.09　**中国光大银行重庆分行风险管理部门　重庆　实习生**

- » 每15天定期对授信客户进行预警信号查询，并做好相关记录
- » 整理授信业务上报意见，把各个客户的资料分类归档，两个月共整理800+客户资料
- » 学习各部门工作流程、银行内部体系构建，了解部门衔接及整个银行运营情况，信贷业务审批和贷后控制流程

2011.10-2012.05　**重庆工程学院财务处　重庆　实习生**

- » 抽查会计凭证，审核凭证的完整性和真实性
- » 每天整理会计凭证份数达1000+，并且分册装订编号等，提高了我处理事情的细致程度，锻炼了我的耐心

2011.10　**图途户外运动品牌　重庆　兼职店长**

- » 从学校150名申请人中经多层筛选成为图途新世界百货专柜专柜的兼职店长；带领另外两个店员7天总销售额达47667元，创下了重庆30多家店的销售冠军；得到了该品牌重庆地区销售总经理的亲自接见并给予了高度赞扬
- » 为期一星期的工作让我对待人接物基本礼仪有了更深的体会，同时锻炼了自己的沟通、领导能力

2010.03-2010.06　**重庆西藏中学　重庆　支教员**

- » 利用周末时间走进重庆西藏中学第二课堂，辅导高二学生，主要用英语进行一些互动活动，并且参与了学校的锅庄舞表演，现在仍与部分学生保持联系

校内经历

2011.09—2012.06　**管理学院分团委学生会　学生会副主席**

- » 协助学院管理分团委学生会、安排学院学生工作
- » 组织策划共青杯、管理T型台、南湖杯等10+项校园活动比赛的顺利进行，每项平均参与者2000+

2011.09—2012　**管理学院11级新生20班　班主任助理**

- » 协助学院筹备迎新工作及40+名新生入校教育、军训、上课等日常管理工作
- » 直接负责11级20班35名新生入校后的接待、管理工作，帮助新生尽快适应大学生活

2010.09—2011.06　**管理学院分团委学生会　勤工部部长**

- » 管理学院4个年级3000多人勤工助学等工作，负责学院的助学贷款、日常勤工、国家奖助学金的发放等
- » 策划了学院优秀勤工部评选活动、趣味运动会、诚信超市等一系列活动，在学院乃至学校都得到了强烈反响

2010.09—2011.06　**管理学院青年志愿者协会　策划部部长**

- » 带领部门成员组织策划学院青年志愿者活动，包括军训新生送水、老年大学义务劳动、阳光义诊、阳光义卖等活动，其中阳光义卖活动给当地一白血病患儿募集到爱心款6000多元

个人能力

英语能力：　英语六级（558分）、剑桥商务英语中级（BEC Vantage Level），英语口语流利
专业能力：　通过国家会计从业资格考试、国家证券从业资格考试、国家银行从业资格考试
计算机能力：　计算机二级证书，熟练运用Word、Excel、PPT等办公软件，熟悉用友财务软件操作

第二节　简历七要素

简历是求职者向用人单位介绍个人信息的书面文件，包括七要素：个人信息，求职意向，教育背景，社会实践，职业技能，奖励情况和自我评价。

一、个人信息

简历的个人信息部分通常包括：姓名、出生年月、性别、籍贯、政治面貌、联系电话、电子邮箱、联系地址等。

需要强调的是联系方式一定是求职者最新的联系方式且书写正确，包括电话、地址和电子邮箱等。一般建议电子邮箱地址是常用的，且专业、成熟、职业化，不要使用 Happyboy、Littlegirl 等看上去显得幼稚、呆萌的用户名。其他信息可根据应聘职位的要求酌情处理。例如政治面貌，求职者是团员可以不写；如果是党员，可以在简历中列示。因为一般国企、事业单位更倾向于是党员的求职者，外企则不太看重。建议附上能够体现求职者本色的照片。照片要使用标准简历照，不要随意用大头照和生活照，不使用过度美化让人期望过高的照片。

二、求职意向

对于用人单位而言，需要了解求职者明确的求职意向。明确的求职意向能够帮助人力资源部门把简历投递给相关的人。

求职意向应列示在简历靠上位置，令人遗憾的是一些求职意向却淹没于华丽描述中，如“具有挑战性的职位”“有向上发展的余地”“有机会晋升”等。求职意向务必简单、明晰、具体。如教师、总经理助理、营销或推销等。特殊情况下，可强调特别领域，如偏重新媒体版面设计。

三、教育背景

教育背景包括：毕业时间，院校专业，学历和教育描述。教育描述部分可介绍求职者的研究方向、主修课程、辅修课程、研究项目、成绩排名等，根据求职者的情况择优介绍。

教育经历可倒叙方式填写，例如博士到硕士再到学士，中学和小学一般不需要填写，除非求职者曾在国内外有名的教育机构就读。

在描述教育经历时，如果求职者专业符合应聘职位要求，可以不列课程，或只列三四门与职位相关的核心课程即可；如果求职者的绩点不是很高，而某些与应聘职位相关的学科分数较高，则可以着重强调这些学科的成绩；如果排名比较靠前，可以用数字来表示学习成绩，如“专业前10%”；对于部分有在国外做交换生或项目研究经历的求职者来说，建议在教育背景栏下填写。

此外，简历中可设立“职业发展”专项，求职者可填写参加过的培训、研讨会、专题讨论会或课程名称。

四、社会实践

一般来说，应届毕业生缺乏工作经验。所以毕业生的社会实践经历是用人单位重点关注的部分。社会实践经历包括实习经历和校园实践，实习经历或校园实践要主次分明，将重要的写在前面，不要胡子眉毛一起抓。

实习经历包括：实习时间，实习项目，实习描述。实习时间较长，可以重点强调；若实习时间虽短，但实习单位知名度或与应聘单位相关度较高，则可以强调实习单位。实习描述主要填写实习期间的职责范围、工作任务、取得的成绩等。实习描述通常采用 PAR 陈述法则，PAR 是 Project（项目），Activity（行为），Results（成果）的缩写。PAR 陈述法则可以突出应聘者的能力和技能。

实习描述，求职者需要用具体的行为来呈现自己的技能，切勿采用类似这样的表述：参加、展现了杰出的组织能力或协助进行某项活动等。因描述太过笼统模糊，没有说服力，不会引起用人单位重视。在进行实习描述时，可运用以下技巧：

一是要善于利用动词，指在尊重事实的前提下运用比较强势的动词突出成绩，如“负责、发起、独创、独立负责”等。这些动词比“参与组织”等更能体现个人的贡献和成就。

二是通过数字来量化结果。例如，节省多少开支，服务过的客户数，产能增长百分比或效率的提升值等。

三是用时间体现高效，例如，提前 3 个月完成当年销售任务；提出流程重组方案，将所需时间缩短 25%。

四是用专业术语表达所做的工作。很多毕业生困惑于实习或者兼职所做的工作零星琐碎，层级较低，不会正确描述实习经历。实际上，同一件事情，用不同的表达方式会产生不同的效果。例如，有些同学没有公司实习的经历，只有类似于商城产品促销、传单发放或者打字的经历。在这种情况下，在遵从事实的前提下也可以使用专业化的语言来表达，可以将“传单发放”表达为“传播产品信息”，“打字”表达为“文字处理”等。

如果毕业生没有实习经历的话，可以写上在校期间的相关经历，如在学生会任某部长，做过哪些事，出过哪些力，取得过哪些成绩。一定要写得详细，不要只说个大概。类似“任学院学生会生活部长，组织过文明寝室评选大赛”就不太好，应把过程中做了哪些工作、发挥了哪些作用写具体。最后要切记一点，实习经历和校园实践部分不能随意编造。即使编造得天衣无缝，毕竟假的就是假的，面试中对方往往几句话就能让你原形毕露。

拓展阅读 PAR 陈述法[①]

PAR 陈述法的核心是使用行为动词，以下列格式来描述体现能力和成就的经历：

P：写出实习工作或项目（Project）的名称、背景、任务和工作。

A：写出你在这段经历中的行为（Activity）。

R：写出你在这段经历获得的结果（Results）：成果、收益。

以某同学在应届生求职网的实习经历为例：

项目（P）：负责网站与目标高校、企业的合作计划的推广实施。

行为（A）：采用电话访谈方式对 400 家高校就业网调研，与就业办老师进行沟通，联系合作事宜；对 700 多家企业校园招聘调研，撰写调研报告，完善网站服务项目。

成就（R）：与 200 多所目标高校就业办老师保持沟通，与 625 家目标企业达成合作意向，撰写 5000 字的企业调研报告。

① 引自 https：//www. douban. com/group/topic/46922936/.

五、职业技能

职业技能项主要指技能描述，可填写求职者的语言能力、专业技能等。对于应届毕业生而言，职业技能通常包含以下几个方面。

1. 语言技能

对于大多数同学来说，可以通过标准化考试成绩、证书来证明自己的语言听说读写能力，例如英语专业八级、BEC、GRE，日本语能力测试，法语专业四级等。如果成绩不错的话，建议写出成绩；但如果成绩不是绝对优秀，就没有必要写出成绩。如果相关的工作实习经历能够推导语言水平能力，建议写上。例如“工作语言为英语”“给南美洲客户做陪同翻译”等，说服力比较强。

2. 计算机技能

一般来说，对于非计算机专业的同学来说，计算机技能通常指软件应用水平，如对 Office 系列软件的掌握。根据应聘职位的要求，可以有选择性地列出相关软件操作技能，如应聘财务咨询职位的可以列 ERP、财务软件、统计软件等。

3. 专业技能

主要指与专业或应聘职位有关的技能、资格证书、认证等。例如，财务专业的学生能够熟练使用财务软件或获得 ACCA、CFA、CIMA 资格证书等。如果有专业资格证书，除了注明专业资格证书名称以外，建议加上年份。

在描述这些个人技能时，切记不要写错一些关键词，尤其是引用的外文。一定要注意正确拼写，避免出现错误。

六、奖励情况

包括获奖时间和名称。奖励名称可填写奖项的级别、颁奖机构、获奖成绩等。奖励一般指是奖学金或者其他国际性、全国性及省级竞赛奖项。

描写奖励情况时，应注意体现奖励的级别及特殊性。现在用人单位收到的简历中，几乎每份简历上都会有这样或那样的奖励描述：奖学金、优秀学生、优秀干部等。对于这些，用人单位早已司空见惯了，仅仅列出奖励名称是没有意义的。最好能把获奖难度表达出来，让用人单位明白所获奖励的含金量，从而增加简历通过筛选的概率。对于一些特殊或者说比较罕见、能够反映毕业生某方面特殊才能的奖励，如 2017 年外研社杯演讲比赛华西赛区总决赛季军，则可以放在简历靠前位置，突出奖励的含金量。

七、自我评价

自我评价也叫作自我介绍，可填写求职者应聘某岗位的最大优势所在。很多毕业生会罗列很多词语，如性格开朗、待人热情、工作细心、办事高效、吃苦耐劳、有较强的组织能力等。求职者使用这类词汇目的是让自己看上去更优秀，是不可多得的人才。但事实上对于这样的字眼，用人单位人力资源专员很少看。一般来说，除非用人单位有明确要求，否则不建议在简历中填写自我评价。如果用人单位明确注明要求填写自我评价，求职者该怎么填写自我评价？建议结合应聘职位的特点，用几句话来总结各项素质。如要强调组织能力强，可以表述为独立组织了某项活动，在系里反响很好，受到了学校表扬等。那些与工作相关的特长一定要展开写，如强调个人写作水平好，可以表述为非常擅长写应用文、各种报告等，如此具体的表述比概括性地说写作水平好更有效。

此外，与职位无关的特长、爱好不建议写。毕业生喜欢足球或唱歌，用人单位并不会为求职者准备足球场或 KTV；这些特长、爱好在今后的工作中会有机会展示，而不是在简历中。写多了，会让简历没有重点。

互动练习　简历制作

通常求职者需要在简历里注明身高、体重或者身体状况吗？

第三节　制作简历注意事项

写一份完美的简历需要时间和专注，但花点时间写好简历是很值得的。

撰写简历有几条注意事项，具体如下：

一、真实性原则

不要说谎。不要试图编造工作经历或者业绩、毕业学校和学历等，更不要将别人的工作成绩占为已有或者夸大在某一领域的技能水平。谎言不会让你走得太远，在简历里说谎造成的损失要比想象中更为严重。谎言会影响求职者在面试时的信心，求职者因担心用人单位询问简历里没有说实话部分的问题，而明显的焦虑自然不会给用人单位留下很好的印象。即使被录用，谎言也很难保证不被揭穿。

但是坚持真实性原则并非就要把求职者的缺点和不足和盘托出，适当的隐讳甚至回避还是十分必要的；毕竟绝大多数毕业生都需要在接下来的工作中不断完善自己。

二、针对性原则

简历不能千篇一律。如果对于不同的行业、不同的公司和不同的职位，提交的都是同样的简历，这样的简历自然难以打动用人单位。试想一下，如果一位导师收到一份和他研究领域没有任何关系的论文，他还会认真阅读并提供指导吗？如果 A 公司要求求职者具备相关行业经验和良好的销售业绩，而求职者在简历中正好清楚地陈述了相关经历且置于比较突出的位置，这就是针对性；同样 B 公司要求某职位需具备良好的英语口语能力，而求职者正好在简历中描述了自己做过涉外商务兼职翻译的经历，这也是针对性；类似 C 公司明确要求应聘者具备教师资格证，而求职者正好在简历中说明自己在 2016 年取得中学高级教师资格证书，这自然也是针对性。

实习经历或获奖情况较多，是否需要在简历中全部罗列？当我们申请一个具体职位时，可以利用招聘信息决定哪些信息应该在简历中出现，使简历内容更符合用人单位的要求。如一个会计专业毕业生，在寻找一份会计工作时，大学时间曾经做过的家教、发传单、健身房前台等兼职工作，就不需要一一体现在简历中。制作简历时，针对性十分重要。

三、相关性原则

简历是求职者获得一份工作的推销工具，它关系到求职者的未来，而不是过去。如果求职者采用时序型简历，不要把简历写成一份“历史文件”。尽管时序型简历主体部分围绕着毕业生的实习经历展开，但实习成绩的描述也应该支持求职者的求职意向或期望。简历中的教育背景和工作经历固然是求职者从前的成就，但写过去的成就正是为了获得一份新的工作。因此写简历之前，毕业生必须要先决定自己接下来想要从事哪方面的工作。

四、简洁性原则

“时间就是金钱。”简练的简历更能抓住用人单位的注意力。一般情况下，简历的长度以一张 A4 纸为限，求职者需把所有技能和经验以精练的语言浓缩提炼出来。高质量简历更能给人深刻的印象，即使信息量小一些；相反，简历过长，被认真阅读的可能性越小。对于那些有丰富职业经验或有很多了不起工作成绩的人来说，某些时候可以准备 2 页纸的简历；但是也需要在简历开头部分有简洁清楚的资历概述。以方便阅读者在较短时间内掌握基本情况，产生进一步阅读的愿望。

为了更简洁更有效地传递出求职者的信息，简历不要成段地写。很多忙碌的人力资源不可能去看一份由段落组成的简历，因为段落需要更多的时间去阅读。可以利用项目符号将文字断开，这样便于用人单位人力资源更容易看清简历的内容。句首符号传递出“这是一个独立的句子，能够被快速阅读”的信号。

除此之外，少用修饰状语。例如："为重新设计的方案策划和实施战略"要比"为这个重新设计的方案策划和实施一些战略"好得多。尽量不用完整句。例如：不写"我拥有优异的专业成绩"，而写"优异的专业成绩"；不写"每年我都要组织学生会换届大会"，而写"组织学生会年度换届大会"。

简历的撰写，一定要遵循"阅读者优先"原则；让阅读者一目了然，简洁而有效。

拓展阅读 8秒钟测验[①]

在招聘市场，你的简历大约只有8秒的时间。人力资源在8秒内浏览你的简历，并决定是否愿意花更多的时间面试你。是否能通过8秒钟的测验取决于你的简历够不够吸引人，能否很快地被看完。这就是为什么人力资源专家建议你写一份只有一张纸的简历。一张纸的简历会告诉别人："我很有条理。"

互动练习 制作简历

请同学们根据本章内容选择合适的简历类型，制作一份属于自己的"高光"简历。

① 苏珊·爱尔兰，朱鸿，阿榕译．完美的简历，沈阳：辽宁教育出版社，2002.

第九章

面试技巧

【本章学习目标】

- ◆ 了解面试的实质及作用
- ◆ 学习如何应对面试
- ◆ 了解面试注意事项

【案例导入】

孙云同学为英语专业四年级的学生，她最近接到一家集团公司面试通知，面试时间为：周四上午9点30分。孙云同学在该公司官网查到详细地址及相关乘车信息，预计路程耗时1个小时左右。面试当天早上，孙云同学按照预定的时间出门；但遇到上班早高峰，交通拥堵，到达公司时间为9点45分，比面试约定的时间晚。进入面试环节，因迟到孙云显得更为紧张，做自我介绍时完全是背诵了一遍个人简历且语速较快。当面试官问其对集团公司有何了解时，孙云只能回答出该公司为一家国有大型房地产集团公司，全然忘记了公司的其他情况。对所应聘职位的理解也只停留在字面上，本次面试草草结束。

第一节　面试

一、什么是面试？

面试是招聘方精心组织的招聘活动，利用问答、情景模拟测试、集体讨论等形式面对面地观察、考核应聘者，是一种综合考察形式。

某种程度上说，面试是招聘方与应聘者相互博弈的一个过程。对于招聘方来说，希望通过面试精确地甄别出所需要的人才；对于应聘者来说，面试不仅是深入了解应聘公司的一次机会，更是向招聘方充分展现自我、推销自我的契机。

二、面试的分类

（一）根据面试对象分类

1. 一对一面试或多对一面试

指一个或几个面试官与单个应聘者面谈。常见形式为自我介绍及问答。

2. 多对多面试

也称小组面试或集体面试，指多位应聘者在一个轮次里同时进行面试。常见形式为无领导小组讨论或情景模拟。

（二）根据面试标准化程度分类

1. 结构化面试

指面试题目、面试实施程序、面试评价、考官构成等方面都有统一明确的规范，是一种结构严密、评分模式固定且层次性很强的面试形式。进行面试时，面试官会依照规定的流程及事先拟定好的面谈提纲对应聘者逐项提问，对各要素的评判也按设定好的分值结构来界定。常用于公务员考试、事业单位招聘、银行招聘面试等。

2. 半结构化面试

指只对面试的部分因素有统一要求的面试，如规定有统一的程序和评价标准，但面试题目可以根据面试对象而随意变化。例如情景模拟等。

（三）根据面试风格分类

1. 压力性面试

面试官在进行压力测试时，故意制造一种高压力的紧张氛围，并设置种种语言和情景陷阱，使应聘者在应激状态下显露出自己的本性，从而评价其综合能力和素质。压力面试几乎会出现在任何场合。面试官经常在面试过程中冷不防地制造高压态势，提一些刁钻的问题。应聘者在面对挑战和严酷形势时能否表现如一，这就要看每个人的心理承受能力。

2. 非压力性面试

设置无压力的情景，在其中考察应聘者的相关素质及能力。

（四）根据面试途径分类

1. 电话面试

不需直接面对面而以电话交流为途径的面试。电话面试通常用于多轮面试中的首轮。电话面试的时间一般控制在10-30分钟，其主要目的是核实应聘者的相关背景、语言表达能力。一般通过常规问题询问，或者让应聘者做自我介绍，并根据简历对应聘者的教育及工作经历进行核实，从而判断应聘者是否符合招聘职位所要求的素质、能力，并根据电话面试的结果判断是否给予应聘者进一步面试的机会。

2. 视频面试

指通过视频聊天的方式面试应聘者。异地招聘的企业或海外企业常选用视频面试。

3. 现场面试

指面试官与应聘者面对面直接交流沟通，是最常用的面试形式。

（五）根据面试形式与内容分类

1. 问答型

面试官提问，应聘者回答，问题有可能为提前设置好的，也可能为现场临时提问。问答环节前通常为应聘者自我介绍。

2. 无领导小组讨论

一般由5-8个应聘者组成一个小组，共同应对一个需要解决的问题。小组成员以讨论的方式，经过各种观点和思想的碰撞、提炼，共同找出一个最合适的答案或结果。在讨论过程中，每个成员都处于平等地位，并不指定小组领导；面试官则在一旁对应聘者在讨论中的发言内容及左右局势的能力进行评估。小组面试的内容可能是真实的商业案例，也可能是一项集体游戏。

这种面试方法的优势是能节约面试时间，而且可以让应聘者在比较放松的环境中来处理问题。这类面试特别适用于考察应聘者分析问题、解决问题以及决策等具体的领导素质及语言表达能力等，现被越来越多的企业使用。

按照内容可分为案例分析类、问题解决类和技能考察类。

(1) 案例分析类

以小组为单位讨论实际商业问题。案例分析可以很好地测试应聘者的分析能力、推理能力、自信心、商业知识以及沟通能力等素质。

(2) 问题解决类

以小组为单位共同解决一个模拟的难题。如公司年底举行年会，而你们是公司行政部的员工，请开会讨论年会的各项安排。这类问题需要小组成员之间密切配合。

(3) 技能考察类

主要考察应聘者的演讲能力、分析能力和逻辑推理能力。这类小组面试可能会要求应聘者饰演特定的情景剧，也可能会要求应聘者在有限的时间内就某个主题准备短时间演讲或辩论。

3. 评价中心面试

评价中心测评技术与传统的纸笔测验、面试不同，它主要通过小组讨论、公文筐、角色扮演等情景模拟方法，再加上一些传统的测试方法，对应聘者的知识、能力、个性、动机进行测评，从而可以在静动态环境中为招聘方提供多方面有价值的关于应聘者的评价资料和信息。评价中心的核心技术是情景模拟测试，即通过创造一种逼真的模拟管理情境或工作情境，将应聘者放入其中，要求其完成各种各样指定的工作。评价中心面试是大多数外企常用的人才测评方式。

评价中心面试不等同于小组面试。评价中心面试把众多应聘者召集到一起，进行统一的测评，但测评的方式很多，小组讨论或者小组活动并不是唯一的重点。在评价中心面试中必定有一个环节让每一个应聘者单独表现自己，这是与小组面试的不同之处。另外，评价中心面试通常持续时间较长，可能会持续一整天。

4. 行为面试

行为面试是通过一系列基于具体行为的问题，来考察应聘者特定方面的素质及能力。用类似“这件事情发生在什么时候?”“您当时是怎样思考的?”“为此您采取了什么措施来解决这个问题?”等问题，来考察应聘者在过去某种特定事件中的具体表现。随后，面试官会运用素质模型对应聘者在过往表现出的素质进行评价，并以此推测其在今后工作中的行为表现。行为面试是外企招聘时常用的面试方式。

第二节　面试准备

招聘方在面试中主要考核应聘者的仪表风度、专业知识、实习实践经验、口头表达能力、沟通能力、综合分析能力、反应及应变能力、人际交往能力、自我控制能力与情绪稳定性、工作态度、进取心、求职动机等内容。因此，应聘者应从以上角度来准备面试。

一、面试前的准备

求职的成功与否，临场的面试表现很重要。作为应聘者，在投递简历或参加招聘笔试后，应随时做好参加面试的准备。

在参加面试之后，应做好该次面试的经验教训总结。只有不断进行面试准备、面试实践和面试总结，才能逐步提高应对面试的能力，从而为最终的面试成功打下坚实的基础。

（一）了解面试单位详情

1. 了解面试单位的作用

对面试单位进行全面细致的了解，有助于应聘者在面试时缓解紧张程度，做到心中有数，有的放矢。

2. 了解面试单位的哪些方面？

了解面试单位的历史、发展状况、部门架构、产品品牌、主要业务、企业文化、新闻动态、经典案例、历年招聘情况及行业状况等。

3. 通过哪些渠道了解面试单位？

（1）面试单位官方网站、微信公众号、微博等。

（2）其他网络信息，如论坛、知乎等。

（3）宣讲会。

（4）熟人介绍，如亲戚、朋友等。

（二）了解应聘职位的详情

1. 了解应聘职位的作用

不同的职位有不同的侧重要求，应聘者在面试前仔细研读招聘信息，才能把握重点。如此在面试时可以着重展现与职位要求相符的特长和优势，有的放矢；在充分了解工作职责后，才能确定该职位是否适合自己。

2. 了解职位的哪些信息？

（1）了解职位对应聘者的基本要求，包括学历、专业、工作经验、语言、特殊技能、个性品质等。

（2）了解职位对应的工作职责。这是回答面试官的核心依据。结合招聘要求和岗位职责，说明自己符合这些要求，且能胜任这份工作。

（三）了解面试流程及类型

在了解了面试流程及类型后，面试时便能做到心中有数，缓解紧张程度，并能有针对性地为面试做准备。

可通过网络搜索相关面试经验，或直接询问通知你参加面试的工作人员，如该信息为公开信息，则对方很可能会告知。

（四）面试着装

应聘者的外表是留给面试官的第一印象，因此选择合适的面试着装十分重要。无论是应聘什么单位什么职位，除单位特殊要求外，都应选择职业正装。

1. 着装原则

美观、整洁、大方、得体，应符合年龄及身份特征。

2. 颜色原则

以素色为宜，忌花哨、繁杂。

3. 女性着装

应穿得整洁、清爽、干练。过于华丽、叮当作响的珠宝饰物、过浓的香水、破洞的丝袜、未修剪的指甲或是蓬松的头发等，都足以抵消应聘者给予面试官的良好印象。着装不宜太过新潮，应选择职业装，可着裤装或裙装；若穿着裙装，裙子的长度不能过短，到膝盖或膝盖下方为宜；衣领的开口不宜太低，丝袜应选肉色。女生着黑色高跟浅口皮鞋，高跟鞋能凸显女性气质，但鞋跟不宜过高，以不影响走路为标准。女生应化淡妆，避免过浓的妆容及鲜艳的口红，不要做夸张的美甲。长发的女生不宜披发，扎成马尾等简洁干练的发型。女生佩戴饰物以简洁美观为原则，应避免太多或夸张的饰物。

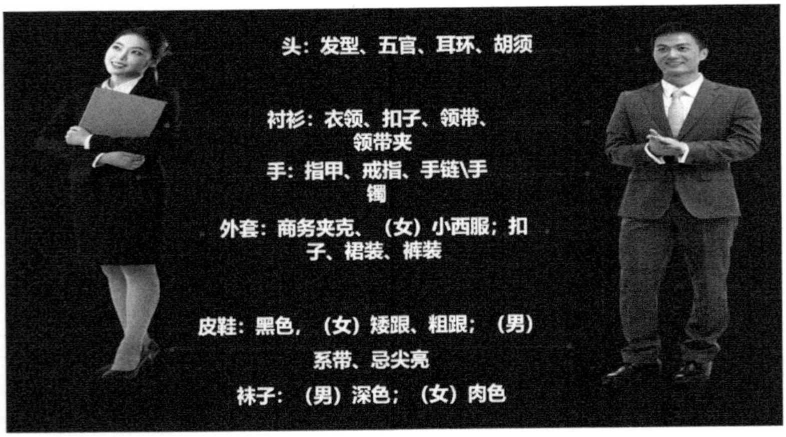

面试着装要求

4. 男性着装

西装、衬衫应笔挺，西装以深灰、深蓝色为宜，须成套；衬衫为白色或浅蓝色长袖衬衫，衬衫衣袖应长于西装衣袖。领带不能使用夸张的颜色或花纹。男生着黑色正装皮鞋，以系带款式为佳；皮鞋须擦干净，袜子选深色，忌白色袜子。西裤应选择长裤，不能穿着九分裤或短裤。注意头发、指甲的修剪。男性不应佩戴除结婚戒指、袖扣、手表以外的其他饰物。

（五）简历准备

虽已投递过简历，但应聘者在面试时仍需携带两至三份制作精美的纸质简历，且应与之前投递的简历相同，可增加新近发生的内容。

同时，应带上与简历内容相关的证明材料，如学历学位证书、技能证书、荣誉证书等，应携带原件及复印件。

（六）复习岗位相关专业知识

对于技术类或专业性较强的岗位，除了常规面试准备外，还应针对可能涉及的专业知识进行必要的复习和准备。

（七）自我介绍准备

自我介绍是面试各项内容里唯一能按照事先准备内容原样进行的，因此一定要充分准备自我介绍。自我介绍通常是面试中第一个环节。除内容本身外，应聘者自我介绍的流利程度、自我介绍过程中所流露出的自信对面试官的评价有重要影响。为了防止面试时因紧张而忘词，务必熟练背诵事先准备的自我介绍。

1. 自我介绍应包含的内容要点

应聘者应首先报出自己的姓名和身份。可能应聘者与面试官打招呼时，已经将此告知了对方，而且面试官可以从应聘者的报名表、简历等材料中了解这些情况，但应聘者仍应主动提及。这不仅是礼貌的需要，还可以加深面试官对应聘者的印象。若面试要求明确规定不能报姓名等个人信息的，则须按要求执行。

其次要介绍我是谁，即个人基本信息，包含姓名、性别、出生年月、政治面貌、籍贯、联系方式、毕业学校、教育背景等。这部分陈述务必简明扼要、抓住要点。

接下来要介绍我做过什么，即个人实习实践经历、校内社团工作经历、技能证书、荣誉奖项等。这部分不用照搬简历中的内容，挑重点突出的部分说明，并利用事件或事例来形象、明晰地说明自己的经验与能力。

接着介绍我能做什么，着重结合个人的职业理想说明应聘该职位的原因，这一点相当重要。应聘者可以谈对应聘单位、职位的认识了解，表达对选择这个工作的强烈愿望。谈谈自己如果被录取，有什么样的职业规划，并会不断根据需要完善和发展自己。

2. 自我介绍注意事项

（1）自我介绍不宜过长，以 1-2 分钟为宜。如果太长，容易被面试官打断，导致重点、亮点没讲到，且因此影响后续发挥。前 30 秒是自我介绍的精华时间，应简明扼要地说完简历上的精华内容及自身的优点、亮点，剩下的时间必须争取用精彩内容打动面试官。一旦面试官抬头，有了目光交流，有他们感兴趣的事情，那么成功的概率将会增大许多。几个要点要把握住，一是要让面试官确认你对应聘职位的了解和喜爱；二是说明自身具备从事且能做好的特质；三是要举出简短但能印证前面所说几点的具体事例。

（2）应聘者的自我介绍内容应与个人简历、报名材料上的有关内容相一致，不要有出入。

（3）自我介绍虽然不用书面呈现，但逻辑结构要严谨有条理，让面试官能轻松地了解你想展示的内容，而不是在杂乱的内容里费力寻找。为了保证结构清晰、有条理，应聘者可以多用短句以便于口语表述，并且在段与段之间使用过渡句。口语也要注意思路、叙述的流畅，尽量避免颠三倒四，同时不要过于随意。

（4）切忌以背诵朗读的口吻介绍自己，避免书面语言似的严整与拘束，使用灵活的口头语言进行组织。最好事前对着镜子或录像进行练习，尽量令声线听起来流畅自然，充满自信。

（5）适当的眼神接触不但能令对方更集中注意力，也能展示自信。

（6）应聘者应注意在自我介绍中留下伏笔，对面试官可能感兴趣的个人经历举重若轻地一笔带过，很有可能在自我介绍完后面试官就会追着这个话题来问。这样一来，面试的节奏就被你掌握了。

3. 外语自我介绍

若应聘者所学专业为外语或应聘外语类相关岗位，则务必准备外语自我介绍，确保单词、语法、表达、发音的准确。

应聘其他类职位应聘者也需准备英文自我介绍，尤其是前往外企单位面试时；否则临场被要求则会手足无措。

（八）预演面试中可能会被问到的问题

准备面试中可能会被问到的问题，可以从三个方面着手：一是根据自己的简历内容来预测面试官的问题；二是准备一些常见的行为面试问题、与面试单位职位相关的开放性问题等；三是根据前人面试的经验，准备同类问题。

1. 根据简历预测问题

一般面试官会对感兴趣的简历内容提问。在面试前，对应简历中的内容，预测每部分可能遇到的问题，并准备好相应的中英文答案，这部分的常见问题如下表所示。

简历内容	常见问题
个人信息	（1）为什么入党？入党对你有什么影响？ （2）你的家乡在北方，怎么想来南方工作？ （3）你的家庭情况？父母是做什么的？ （4）你有男/女朋友吗？ （5）你有什么兴趣爱好吗？ （6）你有什么优（缺）点？举例说明。
求职意向	（1）谈谈你对公司所在行业的理解。 （2）你为什么想来本公司工作？ （3）你觉得你适合这个职位吗？ （4）如果你获得了这份工作，你的5年工作计划是什么？
教育背景	（1）你的专业对口哪些工作？ （2）你最（不）喜欢什么课程？为什么？ （3）你打算读研吗？ （4）你认为四年的专业学习，你学到了些什么？
实习实践经历	（1）你实习的公司是做什么的？ （2）你实习的职位是做什么的？你的日常工作是什么？ （3）在你的实习过程中，你遇到的最大困难是什么？你是如何解决的？ （4）你的实习指导老师是如何评价你的？ （5）你认为在实习中最大的收获是什么？
校内社团经历	（1）简要介绍下你参加的社团及你的工作职责。 （2）你在社团中担任什么角色？ （3）在此过程中，你印象最深的一件事是什么？ （4）通过这些经历，你收获了什么？
荣誉奖励	（1）你获得了×××奖，总共有多少人获得？ （2）你认为最重要的一项奖励是什么？为什么？
其他技能	（1）你的英语为什么只过了四级？ （2）你过了英语六级，口语怎么样？ （3）你考的×××证书，你认为对你的工作有什么帮助？ （4）你能熟练地操作电脑、使用办公软件吗？

2. 常见的行为面试问题、与公司职位相关的开放性问题

除了针对简历提问以外，面试官为了考察应聘者的领导能力、团队合作能力、解决问题能力、分析能力、学习能力、创新能力以

及沟通能力等，会在面试过程中向应聘者提一些其他行为面试问题及与职位相关的开放性问题。

（1）常见的行为面试问题

你印象最深刻的一件事是什么？

请描述一件你认为最失败的事件或经历。

在过去的经历中，你最大的成功是什么？

你在以往经历中有过与他人意见不合的时候吗？你是如何处理的？

请举例说明你的×××能力。

你如何看待“善意的谎言”这句话？

你最擅长处理什么类型的问题？请举例说明。

你怎样缓解压力，怎样保持生活平衡？

如果我让你的朋友描述你，你认为他们会怎么说？

（2）常见的开放性问题

如果你的意见与老板或者上司不一致时，你怎么办？

你能够在压力下工作吗？

对于加班，你怎么看待？

你怎么看待跳槽？

近期有十几名新员工入职，需要进行一次为期一周的培训，你如何安排本次培训？

你期望的月薪是多少？

你有什么问题要问吗？

小贴士 面试官的两个常见问题

“你期望的月薪是多少?”“你有什么问题要问吗?”这两个问题往往是应聘者认为最难回答的面试题，但又常常出现在面试中。因此一定要提前准备好答案。

对于“你期望的月薪是多少?”，作为应届毕业生，是没有资本谈薪水条件的。面试官问此也并不是希望听到一个确切的数字，面试官的目的是考察应聘者回答问题的思维方式。因此，面试者应从自身的工作能力、对工作的规划、自身学习的热情及能力以及对公司薪酬体系、制度的自信等方面作答。

对于“你有什么问题要问吗?”，首先，应聘者听到这个问题应该高兴。这说明面试官对你有兴趣，否则不会浪费时间来解答你的问题。应聘者应围绕公司未来的发展、员工在公司的学习培训机会、员工晋升通道等要点展开，通过回答展现你的积极进取。

（九）心理准备

应届生在面试，尤其是第一次面试时难免会有些紧张和怯场。因此面试前要学会调整心态，克服紧张情绪，充满信心，才能将最好的一面展示给面试官。

1. 保持良好的心态，克服自卑心理，充满信心

要以一颗平常心来对待面试，做好承受失败的心理准备。心态上平和积极，才能减轻紧张感，发挥出自己的水平。

2. 克服紧张情绪

面试前做几次深呼吸，或是做几个平时的习惯动作，平复心情，保持淡定。

3. 语速适中

回答问题一旦紧张，说话可能结结巴巴或越说越快以至于表意不清，加剧紧张。此时，最好的方法是有意放慢语速。语速慢下来了，自然就不那么紧张了。

（十）携带的物品

1. 与应聘单位或职位相关的物品

事先准备与应聘单位或职位相关的物品，并适当地予以展示，无疑会为面试加分。例如：面试优衣库的管理培训生一职，面试当天着优衣库品牌服装；在讲到对公司的认识和理解时，可以佐证自己对它的兴趣及了解。

2. 笔和笔记本

请带上笔，应对不时之需，如填写信息、签名等。在面试前，复习准备的内容，并将随时想到的要点记下来。同时，面试过程中，如果面试官有特别交代的事项，可以拿出笔记本来记录，从而展示你的细心与周全。

二、面试过程

（一）面试开始前

面试当日应聘者应根据面试时间预留充裕的路途时间，提前规划行程路线，将堵车等突发因素考虑在内。

到达应聘单位后，应立即进入面试状态。注意自己的言行举止，友善地对待面试场外工作人员，这些都可能是考核你的方面。

仔细了解当日面试安排、流程及要求。如有不清楚的地方，及时向工作人员咨询，以免出现违反面试纪律而被取消资格的情况。

应聘者应在指定的地点候场，不要随意离开候场地，以免错过面试。

（二）面试过程中

1. 初入面试场，建立关系

良好的开场，可以营造和谐、轻松的气氛。这个阶段也是面试者最紧张最容易出错的阶段，所以应尽可能地放松。

进入面试场前，无论房间门开关与否，都应轻敲房门 2-3 下。若房门是关着的，敲门后待门内有了回应，再推门进去；而后，将门轻轻关上。若房门是开着的，敲门示意后便可进入，保持门的状态与之前一样，或询问是否需要关门。整个过程应保持微笑自信，动作淡定从容。

步入面试场时，应步态自然，步伐稳健，上身正直，双臂自然摆动。站定后向面试官问好，身体正直、双手并拢，微微前倾。如果面试官主动伸出手来，应聘者就应回以坚定而温和的握手。通常应届毕业生在面试时，面试官不会与其握手。如果面试官不主动握手，应聘者切勿伸手向前和对方握手。

若面试现场需要递交简历，则应在入场后立即交于面试官，需双手递上。

入场后观察房内摆设，若设置为站立面试，则保持挺立的站姿，挺胸收腹，勿弯腰驼背，男生双脚微微张开；女生脚后跟并拢、脚尖微张呈“V”字形。双手自然下垂于身体两侧，切勿做出抱臂等动作。

若面试场内设有座位，务必在面试官示意后方可入座，入座时不要发出嘈杂的声响。入座后上身应保持挺直，一般以坐满椅子的1/2至2/3部分为宜，双手置于膝上。男生双腿自然平放，女生着裙装时入座应双手自然后捋压着裙子坐下，落座后双腿并拢。切忌跷二郎腿或抖脚。

2. 正式开始，核心阶段

（1）一对一问答型面试

根据面试官的提示，进入面试环节。通常来说，首先进行应聘者的自我介绍。应聘者根据事先准备好的内容介绍即可，音量、语速适中，用“说”而非“背诵”的方式，注意语言要流利、吐字应清晰、发音要准确。介绍结束后应有明确的提示语，如“以上是我的个人介绍，感谢您的聆听”。若面试官中断了你的自我介绍，不必慌张，这并不意味着对你的表现不满意，有可能是想将时间用在其更感兴趣的部分。应聘者应微笑应答，如“好的，谢谢您”，等待面试官的下一步指示。

自我介绍环节过后，通常为提问环节。首先，应聘者应仔细听清面试官的问题，不要匆忙作答。一边在脑海里构思答案的框架要点，一边不疾不徐地开口回答。如果未听清或未完全理解面试官的提问，可礼貌性的确认或询问。如果遇到与事先准备的相同或相似的问题时，不要生搬硬套预演的答案；而应切题回答，随机应变，以免出现文不对题或答案牵强的情况。

（2）小组面试

小组面试，通常不需要应聘者做自我介绍，抽题及准备工作通常在备考阶段进行，进入面试场后根据提示开始即可。

无论小组面试的内容和形式是什么，重点都不是讨论的结果，而是讨论的过程，即应聘者扮演的角色。因此重点应放在过程中，把握角色的职能，注重发言的逻辑、倾听他人的意见、注意团队的协作、发挥创新思维等。务必注意时间的把控，避免冗长的发言，切忌打断他人。

3. 结尾阶段，力争完美收官

所有面试环节结束后，应聘者在离场前应礼貌地向面试官道谢与道别。整理好自己的随身物品，从容地离开面试场。不要慌张，以免留下毛躁的印象。

回到面试场外，还应对其他工作人员表达谢意。你的感谢除了表示对他们工作的尊重外，也显示出了你良好的个人素养，会给人留下良好的印象。

（三）面试结束后

每位应聘者都渴望面试能成功，但往往结果不尽如人意。因此，每次面试结束后，无论现场是否知晓结果，都应尽快总结本次面试的经验及教训。趁着记忆清晰时，用文字的方式记录下来，以便在以后的面试中改进。

第三节　面试注意事项

对应聘者来说，面试准备再充分也未必能换来工作机会。有时一点小失误也会导致面试失败。本节主要分析一些常见的面试误区及注意事项。

一、单位聘请你不是去学习的

单位组织面试的目的是为了招聘员工，考核的要求虽有不同，但终极目的都是为了给单位创造价值。因此不要说“我希望在单位学到什么”，而应表明“我能给单位带来什么”。

二、开放性问题的思考方式

面对面试官的开放性问题，不要只考虑应该怎么回答，而要思考对方为什么问，想得到什么样的答案，考察你什么特质。站在面试官的角度去思考问题。

三、非语言沟通的重要性

应聘者面试中不应忽视非语言沟通，包括表情、目光、动作等。应聘者从进入面试场起到离开面试场为止，面试全程都应保持真诚的微笑。目光的交流十分必要，但应避免长时间盯着一个人看，很不礼貌；同时，要避免眼神飘忽、偷瞄别人或目中无人。面试不是演讲，不宜有过多的手势，要注意举手投足。不要做下意识的小动作，如乱摸头发、玩弄钢笔等，显得没有信心。

四、警惕面试“陷阱”

有一种面试看似随意，面试官看上去是很随意地和应聘者拉家常，实则是在营造轻松的氛围，以便对应聘者进行考评。因此，一旦踏进面试单位，就要进入面试状态，以防掉入面试官的“陷阱”。

五、小组面试，精诚合作

小组面试时，面试官关注点在于团队协作精神的展现。团队表现得好，成员都有加分，成员很有可能全部通过。小组面试混乱，大家争执不下，无法达成结论，则很有可能全军覆没。标新立异有别于他人不是小组面试考察的重点。太过独立反而会被认为不是一个好的团队成员。在无领导小组讨论中，充当领导者不一定就占优势；应根据不同职位所需要的特质，且结合自身擅长的方向扮演适合的角色，才能发挥所长。

六、不懂不要装懂

任何人都不可能是百科全书，该说的就要说，不该说的不要说；不懂的地方要勇于承认，不要不懂装懂。例如：我对这个不是很了解，但我谈一下我个人的看法吧。

七、不要和面试官争论

无论何时都不要和面试官争论，因为面试是为了展现你的能力谋取职位的，不是来寻求真理的。

八、忘词需淡定

自我介绍通常是面试的第一个环节，如果因紧张而忘词，千万不要慌乱。保持从容，从容地讲述还能记得的部分，或临场发挥。自我介绍不是背诵课文，面试官也不知道你要讲的内容。

九、说错话不要紧，不要再做错

人在紧张时容易脱口而出说错话，应聘者应保持镇静。为防止产生误会，应该更正道歉。例如：“对不起，刚才我紧张了点，好像讲错了，我的意思是……请原谅。”

十、毫无准备地接到面试电话

当你在课堂上或在嘈杂的地铁里等情况下接到面试电话，首先不能慌张，保持冷静，积极友好地回应对方：“××先生/女士，非常感谢您的来电。如果您不介意的话，能否10分钟之后再打给我。我这里现在比较吵，待我换个安静的地方。或者我10分钟后回拨给您，不知您是否方便？”一般情况下，面试官都会同意稍后再打电话。这样一来，你就可以平复一下心情，为面试做准备。

互动练习　模拟面试

1. 招聘信息

招聘职位：某国有大型汽车公司行政部助理

招聘要求：

（1）优秀的英语听说读写能力，需承担口笔译工作任务。

（2）较强的组织能力、沟通协调能力。

（3）良好的语言表达能力、抗压能力。

（4）有学生干部经历或相关实践经历者优先。

2. 自我介绍

尊敬的各位考官，上午好！十分荣幸能有机会参加本次面试。

我是×××大学英语专业四年级学生，在校期间成绩优异，排名年级前15%，多次获得奖学金，通过了全国英语专业八级考试。

除专业学习外，在校期间我积极参加学校社团及活动，曾担任校学生会副主席，参与组织学校元旦晚会、校庆庆典等大型活动，锻炼了自己的组织、沟通、协调能力。

此外，我还积极参与社会实践与实习。曾在渝洽会、国际象棋奥林匹克大赛等活动中担任志愿者，主要提供语言翻译服务。曾在××地产公司、××银行实习，从事综合协调岗，主要协助正式员工做培训安排、开展活动、处理领导日程安排等。

我一直对贵公司很感兴趣，如××小区，是本市地标性住宅小区，而××商场，也是我平日休闲购物最常去的商业区。

因此，渴望能加入贵公司；同时，相信自己能胜任这个职位。如果有幸加入，我定会努力工作，并利用自己的专业特长，将工作做得更好。如在公司内部组建英语兴趣小组，开展定期培训活动，保证该英语团队能提供持续的语言服务，满足公司开展对外交流、外贸的需求。

以上是我的自我介绍，谢谢！

3. 小组讨论

将学生分成若干组，每组5-8人，针对相应主题进行30分